독송본 **인왕호국경**

독송본 **인왕호국경**
仁 王 護 國 經

감수 혜거 스님
번역 백진순

동국역경원

목 차

서문 ——————————————— 6

간행사 —————————————— 8

Ⅰ. 『인왕호국경』 독송본 ——————— 11

서품 제일 …… 13   관공품 제이 …… 19
보살교화품 제삼 …… 24   이제품 제사 …… 42
호국품 제오 …… 48   산화품 제육 …… 55
수지품 제칠 …… 58   촉루품 제팔 …… 72

Ⅱ. 『인왕호국경』 한글번역본 ————— 77

서품 제1 …… 79   관공품 제2 …… 85
보살교화품 제3 …… 92   이제품 제4 …… 116
호국품 제5 …… 124   산화품 제6 …… 133
수지품 제7 …… 137   촉루품 제8 …… 156

Ⅲ. 『인왕호국경』 원문교감본 ————— 163

발문 ——————————————— 191

서문

　임인년壬寅年 새해가 시작되었지만, 우리 사회는 근 3년간 지속된 코로나 질병 속에서 여전히 힘겨운 발걸음을 내딛고 있다. 이런 현상은 우리나라뿐 아니라 전 세계 사람들이 모두 겪고 있는 전 지구적인 모습이 되었으며, 의학을 비롯한 과학기술이 고도로 발달된 현대사회에서도 코로나 팬데믹 상황은 쉽게 끝날 기미가 보이지 않는다. 여러 사람이 최선을 다해도 끝나지 않고 있는 재난 상황에서 사람들의 지친 마음을 달래고 격려해 줄 수 있는 방법을 찾는 것이야말로 오늘날 불교가 담당해야 할 역할이라고 생각한다.
　한국불교에서 널리 지송되고 있는 「이산혜연선사 발원문」을 보면, "모진 질병 돌 적에는 약풀 되어 치료하고(疾疫世而見爲藥草, 救療沈痾)"라는 구절이 나온다. 이처럼 우리나라 역사에서는 고대로부터 나라에 전쟁이나 질병이 생길 경우, 그러한 어려움을 국난國難으로 보고 이를 함께 극복하고자 하는 불교의 노력들이 끊임없이 이어졌다. 이런 노력 가운데 가장 대표적인 것이 저 신라에서부터 고려까지 설행設行되었던 '인왕 백고좌법회仁王百高座法會'이다.
　백고좌법회의 근간이 되는 『인왕호국경』의 「호국품」을 보면, 질병을 포함한 여러 재난이 생길 때, 그 나라의 국왕이 백 개의 불상과 백 개의 보살상과 백 개의 아라한상을 청하고, 백 명의 법사에게 반야바라밀을 강하도록 청하라는 내용이 나온다. 또한 하루 두 때에 이 『인왕호국경』을 읽으면 여러 재난으로부터 나라를 수호할 수 있다는 내용도 있다. 그러므로 오늘날과 같이 전염병이 만연한 상황에서 불자대중이 내적으로는 반야의 지혜를 기르고, 외적으로는 국가를 수호하는 길이 이 『인왕호국경』을 독송하는 데 있다고 해도 과언이 아닐 것이다.

이러한 『인왕호국경』의 독송본이 동국역경원장 혜거 스님의 원력으로 세상에 선보이게 되었으니, 참으로 귀한 인연이 아닐 수 없다. 이 독송본을 만드는 데는 불교학술원의 백진순 교수가 한글 번역과 한글 독음 작업을 담당했고, 역시 불교학술원의 구성원인 문광 스님과 박인석 박사가 교정·윤문 작업에 참여했으며, 최종적으로 동국역경원장 혜거 스님께서 감수를 맡으셨다. 이 작업에 참여한 여러분들에게 깊이 감사드린다. 앞으로 사부대중이 조석으로 이 『인왕호국경』을 독송하여 전 세계에 만연한 코로나 질병이 사라지고, 온 나라 사람들에게 부처님의 자비광명이 두루 퍼지길 바라 마지않는다.

임인(2022)년 새해 첫날에
불교학술원장 **불영 자광** 佛影慈光 합장

간행사

부처님의 말씀으로, "나라가 어려움에 처하거든 백 명의 법사를 초청하여 백고좌법회를 마련하라."라고 직접 언급한 경전은 오직 『인왕호국경』이 아닌가 싶다. 국난 극복을 위하여 개설하는 백고좌법회는 나라를 다스리는 이들의 일이지, 일반 사찰이나 신도가 주관할 법회가 아니라는 점도 경문에서 분명히 언급하고 있다. 이는 위정자의 당연한 의무이자 나라가 책임져야 할 만큼의 큰일이기 때문이다. 이 점은 특히 부처님께서 인도 16대국의 왕에게 반야법문을 설하시어 국가를 수호하고 영구히 번영케 하는 도리를 천명해 주신 데서 잘 나타난다.

우리나라의 경우에도 신라 이후 고려조에 이르기까지 조정의 주도하에 수차례 인왕 백고좌법회를 열어 국난을 극복해 왔다. 한 예로 『삼국사기』 선덕왕 5년에는 "여왕의 병환으로 황룡사에서 백고좌를 마련하여 『인왕경』을 강론하였다."라는 기록이 나온다. 이처럼 나라가 어려움에 처해서는 인왕 백고좌법회를 설행하는 것을 호국의 전기로 삼았다. 오늘날 코로나를 비롯한 정치·경제·사회와 세대간·계층간의 갈등 또한 국난이라 말하지 않을 수 없다. 이런 시점에 『인왕호국경』을 출간하는 것은 현재의 상황이야말로 바로 부처님께서 설하신 바에 상당하는 시절이기 때문이다.

『인왕호국경』의 국가적 법회를 이루지 못한 일이야 일개인의 힘으로는 한계가 있겠지만, 이를 출간·유포하여 대중들이 하루속히 일상생활을 회복하기를 바라는 마음만큼은 간절하다. 이런 염원을 바탕으로 이 경의 번역을 위해 노고를 마다하지 않은 불교학술원의 백진순 교수와 이 책의 간행에 관계한 동국역경원 구성원에게 다시 한 번 감사의 말씀을 전한다.

이 『인왕호국경』의 출간을 통하여 모든 이들의 책상 위에 이 경이 하나의 애독서가 되어 오늘날의 국난을 잘 극복하길 바란다. 또한 부처님의 염원처럼 우리가 머무는 이 땅이 영원히 안락한 청정국토가 되어 모든 중생이 고난을 잊고, 부처님의 부촉처럼 이 경전을 믿고 읽고 이해하면서 모든 이들이 국난을 일으키지 않을 선근을 쌓아 자성이 청정해지길 바란다. 그리고 여기에서 한 걸음 더 나아가 국토가 청정하여 국난의 빌미가 사라지고, 삼천대천세계 또한 정토로 화현化現하길 바란다.

교화의 태양은 부처의 태양과 함께 영원히 밝고, 사랑의 바람과 선종의 바람이 길이 불어와 사해와 온 누리 평안하고, 계절마다 해마다 풍요로워 모든 중생은 각기 제자리를 얻고, 집집마다 화락하기를 바라는 나의 마음은 언제나 간절하다.(化日共佛日恒明, 仁風與禪風永扇. 海晏河淸, 時和歲稔. 物物各得其所, 家家純樂無爲. 區區之心, 切切於此.)

이는 진각眞覺국사의 말씀이자 곧 나의 간절한 서원으로, 이 책을 간행하는 마음은 바로 여기에 있다. 일념수지一念受持 독송한 공덕으로 나라가 화평하고 선진대국의 문門이 활짝 열리기를 지심으로 발원하는 바이다.

불기 2566(2022)년 입춘절立春節에
동국역경원장 혜거慧炬 근지謹識

I
인왕호국경 독송본

불설인왕호국반야바라밀경
佛說仁王護國般若波羅蜜經

요진 삼장 구마라집 역
姚秦 三藏 鳩摩羅什 譯

서품 제일
序品 第一

여시아문 일시 불주왕사성기사굴산중 여대
如是我聞 一時 佛住王舍城耆闍崛山中 與大

비구중팔백만억 학무학 개아라한 유위공덕
比丘衆八百萬億 學無學 皆阿羅漢 有爲功德

무위공덕 무학십지 유학팔지 유학육지 삼근
無爲功德 無學十智 有學八智 有學六智 三根

십육심행 법가허실관 수가허실관 명가허실관
十六心行 法假虛實觀 受假虛實觀 名假虛實觀

삼공관문 사제 십이연 무량공덕개성취 부유팔
三空觀門 四諦 十二緣 無量功德皆成就 復有八

백만억대선연각 비단비상사제십이연개성취
百萬億大仙緣覺 非斷非常四諦十二緣皆成就

부유구백만억보살마하살 개아라한 실지공덕
復有九百萬億菩薩摩訶薩 皆阿羅漢 實智功德

방편지공덕 행독대승 사안 오통 삼달 십력
方便智功德 行獨大乘 四眼 五通 三達 十力

사무량심 사변 사섭 금강멸정 일체공덕개성
四無量心 四辯 四攝 金剛滅定 一切功德皆成

취 부유천만억오계현자 개행아라한십지 회향
就 復有千萬億五戒賢者 皆行阿羅漢十地 迴向

오분법신구족 무량공덕개성취 부유십천오계
五分法身具足 無量功德皆成就 復有十千五戒

청신녀 개행아라한십지 개성취시생공덕 주
淸信女 皆行阿羅漢十地 皆成就始生功德 住

생공덕 종생공덕 삼십생공덕개성취 부유십
生功德 終生功德 三十生功德皆成就 復有十

억칠현거사 덕행구족 이십이품 십일체입 팔
億七賢居士 德行具足 二十二品 十一切入 八

제입 팔해탈 삼혜 십육제 사제 사삼이일품관
除入 八解脫 三慧 十六諦 四諦 四三二一品觀

득구십인 일체공덕개성취
得九十忍 一切功德皆成就

부유만만억구범 삼정 삼광 삼범오희락천
復有萬萬億九梵 三淨 三光 三梵五喜樂天

천정 공덕정 미 상락신통 십팔생처공덕개성
天定 功德定 味 常樂神通 十八生處功德皆成

취 부유억억육욕제천자 십선과보신통공덕개
就 復有億億六欲諸天子 十善果報神通功德皆

성취
成就

부유십육대국왕 각각유일만이만 내지십만
復有十六大國王 各各有一萬二萬 乃至十萬

권속 오계십선삼귀공덕 청신행구족 부유오도
眷屬 五戒十善三歸功德 清信行具足 復有五道

일체중생 부유타방불가량중
一切衆生 復有他方不可量衆

부유변시방정토 현백억고좌 화백억수미보
復有變十方淨土 現百億高座 化百億須彌寶

화 각각좌전화상 부유무량화불 유무량보살비
華 各各坐前華上 復有無量化佛 有無量菩薩比

구팔부대중 각각좌보련화 화상개유무량국토
丘八部大衆 各各坐寶蓮華 華上皆有無量國土

일일국토불급대중 여금무이 일일국토중 일일
一一國土佛及大衆 如今無異 一一國土中 一一

불급대중 각각설반야바라밀
佛及大衆 各各說般若波羅蜜

타방대중급화중 차삼계중대중 십이대중 개
他方大衆及化衆 此三界中大衆 十二大衆 皆

래집회 좌구겁연화좌 기회방광 구백오십리
來集會 坐九劫蓮華座 其會方廣 九百五十里

대중첨연이좌
大衆僉然而坐

이시 십호 삼명 대멸제 금강지 석가모니불
爾時 十號 三明 大滅諦 金剛智 釋迦牟尼佛

초년월팔일 방좌십지 입대적실삼매 사연방대
初年月八日 方坐十地 入大寂室三昧 思緣放大

Ⅰ

인왕호국경 서품 제일

광명 조삼계중 부어정상 출천보련화 기화상
光明 照三界中 復於頂上 出千寶蓮華 其華上

지비상비비상천 광역부이 내지타방항하사제
至非想非非想天 光亦復爾 乃至他方恒河沙諸

불국토 시무색계 우무량변대향화 향여거륜
佛國土 時無色界 雨無量變大香華 香如車輪

화여수미산왕 여운이하 십팔범천왕 우백변이
華如須彌山王 如雲而下 十八梵天王 雨百變異

색화 육욕제천 우무량색화 기불좌전 자연생
色華 六欲諸天 雨無量色華 其佛座前 自然生

구백만억겁화 상지비상비비상천 시시 세계기
九百萬億劫華 上至非想非非想天 是時 世界其

지 육종진동
地 六種震動

이시 제대중구공첨연생의 각상위언 사무소
爾時 諸大衆俱共僉然生疑 各相謂言 四無所

외 십팔불공법 오안 법신 대각세존 전이위아
畏 十八不共法 五眼 法身 大覺世尊 前已爲我

등대중 이십구년 설마하반야바라밀 금강반야
等大衆 二十九年 說摩訶般若波羅蜜 金剛般若

바라밀 천왕문반야바라밀 광찬반야바라밀 금
波羅蜜 天王問般若波羅蜜 光讚般若波羅蜜 今

일여래 방대광명 사작하사 시십육대국왕중
日如來 放大光明 斯作何事 時十六大國王中

사위국주바사닉왕 명왈월광 덕행십지 육도
舍衛國主波斯匿王 名曰月光 德行十地 六度

삼십칠품 사불괴정 행마하연화 차제문거사보
三十七品 四不壞淨 行摩訶衍化 次第問居士寶

개법정명등팔백인 부문수보리 사리불등오천
蓋法淨名等八百人 復問須菩提 舍利弗等五千

인 부문미륵 사자후등십천인 무능답자
人 復問彌勒 師子吼等十千人 無能答者

　시바사닉왕 즉이신력 작팔만종음악 십팔범
　時波斯匿王 卽以神力 作八萬種音樂 十八梵

육욕제천 역작팔만종음악 성동삼천 내지시방
六欲諸天 亦作八萬種音樂 聲動三千 乃至十方

항하사불토 유연사현 피타방불국중 남방법재
恒河沙佛土 有緣斯現 彼他方佛國中 南方法才

보살 공오백만억대중 구래입차대회 동방보주
菩薩 共五百萬億大衆 俱來入此大會 東方寶柱

보살 공구백만억대중 구래입차대회 북방허공
菩薩 共九百萬億大衆 俱來入此大會 北方虛空

성보살 공백천만억대중 구래입차대회 서방선
性菩薩 共百千萬億大衆 俱來入此大會 西方善

주보살 공십항하사대중 구래입차대회 육방역
住菩薩 共十恒河沙大衆 俱來入此大會 六方亦

부여시 작악역연 역부공작무량음악 각오여래
復如是 作樂亦然 亦復共作無量音樂 覺悟如來

불즉지시득중생근 즉종정기 방좌연화사자
佛卽知時得衆生根 卽從定起 方坐蓮華師子

좌상 여금강산왕 대중환희 각각현무량신통
座上 如金剛山王 大衆歡喜 各各現無量神通

I 인왕호국경 서품 제일

지급허공 대중이주
地及虛空 大衆而住

관공품 제이
觀空品 第二

이시 불고대중 지십육대국왕의 욕문호국토
爾時 佛告大衆 知十六大國王意 欲問護國土

인연 오금선위제보살 설호불과인연 호십지
因緣 吾今先爲諸菩薩 說護佛果因緣 護十地

행인연 제청제청 선사념지 여법수행 시바
行因緣 諦聽諦聽 善思念之 如法修行 時波

사닉왕언 선 대사인연고 즉산백억종색화 변
斯匿王言 善 大事因緣故 卽散百億種色華 變

성백억보장 개제대중
成百億寶帳 蓋諸大衆

이시 대왕부기작례 백불언 세존 일체보살
爾時 大王復起作禮 白佛言 世尊 一切菩薩

운하호불과 운하호십지행인연 불언 보살화사
云何護佛果 云何護十地行因緣 佛言 菩薩化四

생 불관색여 수상행식여 중생아인상락아정여
生 不觀色如 受想行識如 衆生我人常樂我淨如

지견수자여 보살여 육도사섭일체행여 이제여
知見壽者如 菩薩如 六度四攝一切行如 二諦如

시고일체법성 진실공 불래불거 무생무멸 동
是故一切法性 眞實空 不來不去 無生無滅 同

진제 등법성 무이무별 여허공 시고음입계 무
眞際 等法性 無二無別 如虛空 是故陰入界 無

아무소유상 시위보살행화십지반야바라밀
我無所有相 是爲菩薩行化十地般若波羅蜜

백불언 약제법이자 보살호화중생 위화중생
白佛言 若諸法爾者 菩薩護化衆生 爲化衆生

야 대왕 법성색수상행식상락아정 부주색 부주
耶 大王 法性色受想行識常樂我淨 不住色 不住

비색 부주비비색 내지수상행식 역부주비비주
非色 不住非非色 乃至受想行識 亦不住非非住

하이고 비색여 비비색여 세제고 삼가고 명견
何以故 非色如 非非色如 世諦故 三假故 名見

중생 일체생성실고 내지제불 삼승 칠현 팔성
衆生 一切生性實故 乃至諸佛 三乘 七賢 八聖

역명견 육십이견 역명견 대왕 약이명 명견일
亦名見 六十二見 亦名見 大王 若以名 名見一

체법 내지제불삼승사생자 비비견일체법야
切法 乃至諸佛三乘四生者 非非見一切法也

백불언 반야바라밀 유법비비법 마하연운하
白佛言 般若波羅蜜 有法非非法 摩訶衍云何

조 대왕 마하연견비비법 법약비비법 시명비
照 大王 摩訶衍見非非法 法若非非法 是名非

비법공 법성공 색수상행식공 십이입십팔계공
非法空 法性空 色受想行識空 十二入十八界空

육대법공 사제십이연공 시법즉생 즉주즉멸
六大法空 四諦十二緣空 是法卽生 卽住卽滅

즉유즉공 찰나찰나 역여시 법생법주법멸 하
卽有卽空 刹那刹那 亦如是 法生法住法滅 何

이고 구십찰나위일념 일념중일찰나 경구백생
以故 九十刹那爲一念 一念中一刹那 經九百生

멸 내지색일체법 역여시
滅 乃至色一切法 亦如是

　　이반야바라밀공고 불견연 불견제내지일체
　　以般若波羅蜜空故 不見緣 不見諦乃至一切

법공 내공 외공 내외공 유위공 무위공 무시공
法空 內空 外空 內外空 有爲空 無爲空 無始空

성공 제일의공 반야바라밀공 인공 불과공 공
性空 第一義空 般若波羅蜜空 因空 佛果空 空

공고공 단법집고유 수집고유 명집고유 인집
空故空 但法集故有 受集故有 名集故有 因集

고유 과집고유 십행고유 불과고유 내지육도
故有 果集故有 十行故有 佛果故有 乃至六道

일체유
一切有

　　선남자 약유보살 견법중생아인지견자 사
　　善男子 若有菩薩 見法衆生我人知見者 斯

인행세간 불이어세간 어제법이부동부도불멸
人行世間 不異於世間 於諸法而不動不到不滅

무상무무상 일체법역여야 제불법승역여야 시
無相無無相 一切法亦如也 諸佛法僧亦如也 是

즉초지일념심 구족팔만사천반야바라밀 즉재
卽初地一念心 具足八萬四千般若波羅蜜 卽載

명마하연 즉멸위금강 역명정 역명일체행 여광
名摩訶衍 卽滅爲金剛 亦名定 亦名一切行 如光

찬반야바라밀중설
讚般若波羅蜜中說

대왕 시경명미구 백불천불백천만불설명미
大王 是經名味句 百佛千佛百千萬佛說名味

구 어항하사삼천대천국토중 성무량칠보 시삼
句 於恒河沙三千大千國土中 成無量七寶 施三

천대천국중중생 개득칠현사과 불여어차경중
千大千國中衆生 皆得七賢四果 不如於此經中

기일념신 하황해일구자 구비구 비비구고 반
起一念信 何況解一句者 句非句 非非句故 般

야비구 구비반야 반야역비보살 하이고 십지
若非句 句非般若 般若亦非菩薩 何以故 十地

삼십생공고 시생 주생 종생 불가득 지지중삼
三十生空故 始生 住生 終生 不可得 地地中三

생공고 역비살바야 비마하연 공고
生空故 亦非薩婆若 非摩訶衍 空故

대왕 약보살견경견지견설견수자 비성견야
大王 若菩薩見境見智見說見受者 非聖見也

도상견법 범부인야 견삼계자 중생과보지명야
倒想見法 凡夫人也 見三界者 衆生果報之名也

육식기무량욕무궁 명위욕계장공 혹색소기업
六識起無量欲無窮 名爲欲界藏空 或色所起業

과 명위색계장공 혹심소기업과 명무색계장공
果 名爲色界藏空 或心所起業果 名無色界藏空

삼계공 삼계근본무명장역공 삼지구생멸 전삼
三界空 三界根本無明藏亦空 三地九生滅 前三

계중 여무명습과보공 금강보살 득이진삼매고
界中 餘無明習果報空 金剛菩薩 得理盡三昧故

혹과생멸공 유과공 인공고공 살바야역공 멸
惑果生滅空 有果空 因空故空 薩婆若亦空 滅

과공 혹전이공고 불득삼무위과 지연멸 비지
果空 惑前已空故 佛得三無爲果 智緣滅 非智

연멸 허공 살바야과공야 선남자 약유수습청
緣滅 虛空 薩婆若果空也 善男子 若有修習聽

설 무청무설 여허공 법동법성 청동설동 일체
說 無聽無說 如虛空 法同法性 聽同說同 一切

법개여야 대왕 보살수호불과위약차 호반야바
法皆如也 大王 菩薩修護佛果爲若此 護般若波

라밀자 위호살바야 십력 십팔불공법 오안 오
羅蜜者 爲護薩婆若 十力 十八不共法 五眼 五

분법신 사무량심 일체공덕과위약차
分法身 四無量心 一切功德果爲若此

불설법시 무량인천중 득법안정 성지신지
佛說法時 無量人天衆 得法眼淨 性地信地

유백천인 개득대공보살대행
有百千人 皆得大空菩薩大行

보살교화품 제삼
菩薩教化品 第三

백불언 세존 호십지행보살 운하행가행 운하
白佛言 世尊 護十地行菩薩 云何行可行 云何

행화중생 이하상중생가화 불언 대왕 오인시
行化衆生 以何相衆生可化 佛言 大王 五忍是

보살법 복인상중하 신인상중하 순인상중하
菩薩法 伏忍上中下 信忍上中下 順忍上中下

무생인상중하 적멸인상하 명위제불보살수반
無生忍上中下 寂滅忍上下 名爲諸佛菩薩修般

야바라밀
若波羅蜜

선남자 초발상신항하사중생 수행복인 어삼
善男子 初發想信恒河沙衆生 修行伏忍 於三

보중 생습종성십심 신심 정진심 염심 혜심 정
寶中 生習種性十心 信心 精進心 念心 慧心 定

심 시심 계심 호심 원심 회향심 시위보살능소
心 施心 戒心 護心 願心 迴向心 是爲菩薩能少

분화중생 이초과이승일체선지 일체제불보살
分化衆生 已超過二乘一切善地 一切諸佛菩薩

장양십심 위성태야
長養十心 爲聖胎也

차제 기간혜성종성 유십심 소위사의지 신
次第 起乾慧性種性 有十心 所謂四意止 身

수심법 부정고무상무아야 삼의지 삼선근자
受心法 不淨苦無常無我也 三意止 三善根慈

시혜야 삼의지 소위삼세과거인인 현재인과인
施慧也 三意止 所謂三世過去因忍 現在因果忍

미래과인 시보살역능화일체중생 이능과아인
未來果忍 是菩薩亦能化一切衆生 已能過我人

지견중생등상 급외도도상소불능괴
知見衆生等想 及外道倒想所不能壞

부유십도종성지 소위관색식상수행 득계
復有十道種性地 所謂觀色識想受行 得戒

인 지견인 정인 혜인 해탈인 관삼계인과 공인
忍 知見忍 定忍 慧忍 解脫忍 觀三界因果 空忍

무원인 무상인 관이제허실 일체법무상 명무
無願忍 無想忍 觀二諦虛實 一切法無常 名無

상인 일체법공 득무생인 시보살십견심 작전
常忍 一切法空 得無生忍 是菩薩十堅心 作轉

륜왕 역능화사천하 생일체중생선근
輪王 亦能化四天下 生一切衆生善根

우신인보살 소위선달명중행자 단삼계색번
又信忍菩薩 所謂善達明中行者 斷三界色煩

뇌박 능화백불천불만불국중 현백신천신만신
惱縛 能化百佛千佛萬佛國中 現百身千身萬身

신통무량공덕 상이십오심위수 사섭법 사무량
神通無量功德 常以十五心爲首 四攝法 四無量

심 사홍원 삼해탈문 시보살 종선지 지어살바
心 四弘願 三解脫門 是菩薩 從善地 至於薩婆

야 이차십오심 위일체행근본종자
若 以此十五心 爲一切行根本種子

우순인보살 소위견승현법 능단삼계심등번
又順忍菩薩 所謂見勝現法 能斷三界心等煩

뇌박고 현일신어시방불국중 무량불가설신통
惱縛故 現一身於十方佛國中 無量不可說神通

화중생
化衆生

우무생인보살 소위원부동관혜 역단삼계심
又無生忍菩薩 所謂遠不動觀慧 亦斷三界心

색등번뇌습고 현불가설불가설공덕신통
色等煩惱習故 現不可說不可說功德神通

부차 적멸인 불여보살 동용차인 입금강삼
復次 寂滅忍 佛與菩薩 同用此忍 入金剛三

매 하인중행 명위보살 상인중행 명위살바야
昧 下忍中行 名爲菩薩 上忍中行 名爲薩婆若

공관제일의제 단삼계심습 무명진상 위금강
共觀第一義諦 斷三界心習 無明盡相 爲金剛

진상무상 위살바야 초도세제제일의제지외
盡相無相 爲薩婆若 超度世諦第一義諦之外

위제십일지살바야각 비유비무 담연청정 상주
爲第十一地薩婆若覺 非有非無 湛然淸淨 常住

불변 동진제 등법성 무연대비 교화일체중생
不變 同眞際 等法性 無緣大悲 敎化一切衆生

승살바야승래화삼계
乘薩婆若乘來化三界

선남자 일체중생번뇌 불출삼계장 일체중
善男子 一切衆生煩惱 不出三界藏 一切衆

생과보이십이근 불출삼계 제불응화법신 역
生果報二十二根 不出三界 諸佛應化法身 亦

불출삼계 삼계외 무중생 불하소화 시고아언
不出三界 三界外 無衆生 佛何所化 是故我言

삼계외 별유일중생계장자 외도대유경중설 비
三界外 別有一衆生界藏者 外道大有經中說 非

칠불지소설 대왕 아상어 일체중생 단삼계번뇌
七佛之所說 大王 我常語 一切衆生 斷三界煩惱

과보진자 명위불 자성청정 명각살바야성 중
果報盡者 名爲佛 自性淸淨 名覺薩婆若性 衆

생본업 시제불보살본업 본소수행 오인중십사
生本業 是諸佛菩薩本業 本所修行 五忍中十四

인구족
忍具足

백불언 운하보살본업청정화중생 불언 종
白佛言 云何菩薩本業淸淨化衆生 佛言 從

일지 내지후일지 자소행처 급불행처 일체지
一地 乃至後一地 自所行處 及佛行處 一切知

견고 본업자 약보살주백불국중 작염부사천
見故 本業者 若菩薩住百佛國中 作閻浮四天

왕 수백법문 이제평등심 화일체중생 약보살
王 修百法門 二諦平等心 化一切衆生 若菩薩

주천불국중 작도리천왕 수천법문 십선도 화
住千佛國中 作切利天王 修千法門 十善道 化

일체중생 약보살주십만불국중 작염천왕 수십
一切衆生 若菩薩住十萬佛國中 作炎天王 修十

만법문 사선정 화일체중생 약보살주백억불국
萬法門 四禪定 化一切衆生 若菩薩住百億佛國

중 작도솔천왕 수백억법문 행도품 화일체중
中 作兜率天王 修百億法門 行道品 化一切衆

생 약보살주천억불국중 작화락천왕 수천억법
生 若菩薩住千億佛國中 作化樂天王 修千億法

문 이제사제팔제 화일체중생 약보살주십만억
門 二諦四諦八諦 化一切衆生 若菩薩住十萬億

불국중 작타화천왕 수십만억법문 십이인연지
佛國中 作他化天王 修十萬億法門 十二因緣智

화일체중생 약보살주백만억불국중 작초선왕
化一切衆生 若菩薩住百萬億佛國中 作初禪王

수백만억법문 방편지원지 화일체중생 약보살
修百萬億法門 方便智願智 化一切衆生 若菩薩

주백만미진수불국중 작이선범왕 수백만미진
住百萬微塵數佛國中 作二禪梵王 修百萬微塵

수법문 쌍조방편신통지 화일체중생 약보살주
數法門 雙照方便神通智 化一切衆生 若菩薩住

백만억아승기미진수불국중 작삼선대범왕 수
百萬億阿僧祇微塵數佛國中 作三禪大梵王 修

백만억아승기미진수법문 이사무애지 화일체
百萬億阿僧祇微塵數法門 以四無导智 化一切

중생 약보살주불가설불가설불국중 작제사선
衆生 若菩薩住不可說不可說佛國中 作第四禪

대정천왕삼계주 수불가설불가설법문 득이진
大靜天王三界主 修不可說不可說法門 得理盡

삼매 동불행처 진삼계원 교화일체중생 여불
三昧 同佛行處 盡三界原 敎化一切衆生 如佛

경계 시고일체보살본업화행청정 약시방제여
境界 是故一切菩薩本業化行淸淨 若十方諸如

래 역수시업 등살바야과 작삼계왕 화일체무
來 亦修是業 登薩婆若果 作三界王 化一切無

량중생
量衆生

이시 백만억항하사대중 각종좌기 산무량불
爾時 百萬億恒河沙大衆 各從座起 散無量不

가사의화 소무량불가사의향 공양석가모니불
可思議華 燒無量不可思議香 供養釋迦牟尼佛

급무량대보살 합장청바사닉왕 설반야바라밀
及無量大菩薩 合掌聽波斯匿王 說般若波羅蜜

금어불전 이게탄왈
今於佛前 以偈歎曰

세존도사금강체 심행적멸전법륜
世尊導師金剛體 心行寂滅轉法輪

팔변홍음위중설 시중득도백억만
八辯洪音爲衆說 時衆得道百億萬

시육천인출가도 성비구중보살행
時六天人出家道 成比丘衆菩薩行

오인공덕묘법문 십사정사능제료
五忍功德妙法門 十四正士能諦了

삼현십성인중행 유불일인능진원
三賢十聖忍中行 唯佛一人能盡原

불중법해삼보장 무량공덕섭재중
佛衆法海三寶藏 無量功德攝在中

십선보살발대심 장별삼계고륜해
十善菩薩發大心 長別三界苦輪海

중하품선속산왕 상품십선철륜왕
中下品善粟散王 上品十善鐵輪王

습종동륜이천하 은륜삼천성종성
習種銅輪二天下 銀輪三天性種性

도종견덕전륜왕 칠보금광사천하
道種堅德轉輪王 七寶金光四天下

복인성태삼십인 십신십지십견심
伏忍聖胎三十人 十信十止十堅心

삼세제불어중행 무불유차복인생
三世諸佛於中行 無不由此伏忍生

일체보살행본원 시고발심신심난
一切菩薩行本原 是故發心信心難

약득신심필불퇴 진입무생초지도
若得信心必不退 進入無生初地道

교화중생각중행 시명보살초발심
教化衆生覺中行 是名菩薩初發心

선각보살사천왕 쌍조이제평등도
善覺菩薩四天王 雙照二諦平等道

권화중생유백국 시등일승무상도
權化衆生遊百國 始登一乘無相道

입리반야명위주 주생덕행명위지
入理般若名爲住 住生德行名爲地

초주일심족덕행 어제일의이부동
初住一心足德行 於第一義而不動

이달개사도리왕 현형육도천국토
離達開士忉利王 現形六道千國土

무연무상제삼제 무사무생무이조
無緣無相第三諦 無死無生無二照

명혜공조염천왕 응형만국도군생
明慧空照炎天王 應形萬國導群生

인심무이삼제중 출유입무변화생
忍心無二三諦中 出有入無變化生

선각이명삼도인 능멸삼계색번뇌
善覺離明三道人 能滅三界色煩惱

환관삼계신구색 법성제일무유조
還觀三界身口色 法性第一無遺照

염혜묘광대정진 도솔천왕유억국
炎慧妙光大精進 兜率天王遊億國

실지연적방편도 달무생조공유료
實智緣寂方便道 達無生照空有了

승혜삼제자달명 화락천왕백억국
勝慧三諦自達明 化樂天王百億國

공공제관무이상 변화육도입무간
空空諦觀無二相 變化六道入無間

법현개사자재왕 무이무조달이공
法現開士自在王 無二無照達理空

삼제현전대지광 조천억토교일체
三諦現前大智光 照千億土教一切

염승법현무상정 능세삼계미심혹
焰勝法現無相定 能洗三界迷心惑

공혜적연무연관 환관심공무량보
空慧寂然無緣觀 還觀心空無量報

원달무생초선왕 상만억토교중생
遠達無生初禪王 常萬億土教衆生

미도보신일생재 진입등관법류지
未度報身一生在 進入等觀法流地

시입무연금강인 삼계보형영불수
始入無緣金剛忍 三界報形永不受

관제삼의무이조 이십일생공적행
觀第三義無二照 二十一生空寂行

삼계애습순도정 원달정사독제료
三界愛習順道定 遠達正士獨諦了

등관보살이선왕 변생법신무량광
等觀菩薩二禪王 變生法身無量光

입백항토화일체 원조삼세항겁사
入百恒土化一切 圓照三世恒劫事

반조낙허무진원　어제삼제상적연
返照樂虛無盡原　於第三諦常寂然

혜광개사삼선왕　능어천항일시현
慧光開士三禪王　能於千恒一時現

상재무위공적행　항사불장일념료
常在無爲空寂行　恒沙佛藏一念了

관정보살사선왕　어억항토화군생
灌頂菩薩四禪王　於億恒土化群生

시입금강일체료　이십구생영이도
始入金剛一切了　二十九生永已度

적멸인중하인관　일전묘각상담연
寂滅忍中下忍觀　一轉妙覺常湛然

등혜관정삼품사　제전여습무명연
等慧灌頂三品士　除前餘習無明緣

무명습상고번뇌　이제리궁일체진
無明習相故煩惱　二諦理窮一切盡

원지무상삼계왕　삼십생진등대각
圓智無相三界王　三十生盡等大覺

대적무위금강장 일체보진무극비
大寂無爲金剛藏 一切報盡無極悲

제일의제상안은 궁원진성묘지존
第一義諦常安隱 窮原盡性妙智存

삼현십성주과보 유불일인거정토
三賢十聖住果報 唯佛一人居淨土

일체중생잠주보 등금강원거정토
一切衆生暫住報 登金剛原居淨土

여래삼업덕무극 아금월광예삼보
如來三業德無極 我今月光禮三寶

법왕무상인중수 부개대중무량광
法王無上人中樹 覆蓋大衆無量光

구상설법비무의 심지적멸무연조
口常說法非無義 心智寂滅無緣照

인중사자위중설 대중환희산금화
人中師子爲衆說 大衆歡喜散金華

백억만토육대동 함생지류수묘보
百億萬土六大動 含生之類受妙報

천존쾌설십사왕 시고아금약탄불
天尊快說十四王 是故我今略歎佛

시제대중 문월광왕탄십사왕무량공덕장 득
時諸大衆 聞月光王歎十四王無量功德藏 得

대법리 즉어좌중 유십항하사천왕 십항하사범
大法利 卽於坐中 有十恒河沙天王 十恒河沙梵

왕 십항하사귀신왕 내지삼취 득무생법인 팔부
王 十恒河沙鬼神王 乃至三趣 得無生法忍 八部

아수륜왕 현전귀신 천상수도 삼생입정위자
阿須輪王 現轉鬼身 天上受道 三生入正位者

혹사생오생 내지십생 득입정위 증성인성 득
或四生五生 乃至十生 得入正位 證聖人性 得

일체무량보
一切無量報

불고제득도과실천중 선남자 시월광왕 이어
佛告諸得道果實天衆 善男子 是月光王 已於

과거십천겁중 용광왕불법중 위사주개사 아위
過去十千劫中 龍光王佛法中 爲四住開士 我爲

팔주보살 금어아전 대사자후 여시여시 여여소
八住菩薩 今於我前 大師子吼 如是如是 如汝所

언 득진의설 불가사의 불가탁량 유불여불 내
言 得眞義說 不可思議 不可度量 唯佛與佛 乃

지사사
知斯事

선남자 기소설십사반야바라밀 삼인 지지상
善男子 其所說十四般若波羅蜜 三忍 地地上

중하삼십인 일체행장 일체불장 불가사의 하
中下三十忍 一切行藏 一切佛藏 不可思議 何

이고 일체제불 시중생 시중멸 시중화 무생무
以故 一切諸佛 是中生 是中滅 是中化 無生無

멸무화 무자무타 제일무이 비화비불화 비상
滅無化 無自無他 第一無二 非化非不化 非相

비무상 무래무거 여허공고 일체중생 무생무
非無相 無來無去 如虛空故 一切衆生 無生無

멸 무박해 비인비과 비불인과 번뇌아인지견수
滅 無縛解 非因非果 非不因果 煩惱我人知見受

자 아소자 일체고수행공고 일체법집환화오음
者 我所者 一切苦受行空故 一切法集幻化五陰

무합무산 법동법성 적연공고 법경계공 공무상
無合無散 法同法性 寂然空故 法境界空 空無相

부전 부전도 불순환화 무삼보 무성인 무육도
不轉 不顚倒 不順幻化 無三寶 無聖人 無六道

여허공고 반야무지무견 불행불연 불인불수
如虛空故 般若無知無見 不行不緣 不因不受

부득일체조상고 행도 사행도상 여허공고 법
不得一切照相故 行道 斯行道相 如虛空故 法

상여시 하가유심득 무심득 시이반야공덕 불
相如是 何可有心得 無心得 是以般若功德 不

가중생중행이행 불가오음법중행이행 불가경
可衆生中行而行 不可五陰法中行而行 不可境

중행이행 불가해중행이행 시고반야불가사의
中行而行 不可解中行而行 是故般若不可思議

이일체제불보살 어중행고 역불가사의 일체제
而一切諸佛菩薩 於中行故 亦不可思議 一切諸

여래 어환화무주법중화 역불가사의
如來 於幻化無住法中化 亦不可思議

선남자 차공덕장 가사무량항하사제십삼관
善男子 此功德藏 假使無量恒河沙第十三灌

정개사 설시공덕 백천억분중 여왕소설 여해
頂開士 說是功德 百千億分中 如王所說 如海

일제 아금약술분의공덕 유대이익일체중생 역
一渧 我今略述分義功德 有大利益一切衆生 亦

위과거래금 무량제여래지소술가 삼현십성 찬
爲過去來金 無量諸如來之所述可 三賢十聖 讚

탄무량 시월광왕분의공덕
歎無量 是月光王分義功德

선남자 시십사법문 삼세일체중생 일체삼승
善男子 是十四法門 三世一切衆生 一切三乘

일체제불지소수집 미래제불 역부여시 약일체
一切諸佛之所修集 未來諸佛 亦復如是 若一切

제불보살 불유차문 득살바야자 무유시처 하
諸佛菩薩 不由此門 得薩婆若者 無有是處 何

이고 일체불급보살 무이로고 시고일체제선남
以故 一切佛及菩薩 無異路故 是故一切諸善男

자 약유인문제인법문 신인 지인 견인 선각인
子 若有人聞諸忍法門 信忍 止忍 堅忍 善覺忍

이달인 명혜인 염혜인 승혜인 법현인 원달인
離達忍 明慧忍 焰慧忍 勝慧忍 法現忍 遠達忍

등각인 혜광인 관정인 원각인자 시인초과백겁
等覺忍 慧光忍 灌頂忍 圓覺忍者 是人超過百劫

천겁무량항하사생생고난 입차법문 현신득보
千劫無量恒河沙生生苦難 入此法門 現身得報

시제중중 유십억동명허공장해보살 환희법
時諸衆中 有十億同名虛空藏海菩薩 歡喜法

락 각각산화 어허공중 변성무량화대 상유무량
樂 各各散華 於虛空中 變成無量華臺 上有無量

대중 설십사정행 십팔범 육욕천왕 역산보화
大衆 說十四正行 十八梵 六欲天王 亦散寶華

각좌허공대상 설십사정행 수지독송 해기의리
各坐虛空臺上 說十四正行 受持讀誦 解其義理

무량제귀신 현신수행반야바라밀
無量諸鬼神 現身修行般若波羅蜜

불고대왕 여선언 운하중생상가화 약이환화
佛告大王 汝先言 云何衆生相可化 若以幻化

신 견환화자 시보살진행화중생 중생식 초일
身 見幻化者 是菩薩眞行化衆生 衆生識 初一

념식 이목석 생득선 생득악 악위무량악식본 선
念識 異木石 生得善 生得惡 惡爲無量惡識本 善

위무량선식본 초일념 금강종일념 어중 생불가
爲無量善識本 初一念 金剛終一念 於中 生不可

설불가설식 성중생색심 시중생근본 색명색개
說不可說識 成衆生色心 是衆生根本 色名色蓋

심명식개 상개 수개 행개 개자 음부위용 신
心名識蓋 想蓋 受蓋 行蓋 蓋者 陰覆爲用 身

명적취 대왕 차일색법 생무량색 안소득위색
名積聚 大王 此一色法 生無量色 眼所得爲色

이소득위성 비소득위향 설득위미 신득위촉
耳所得爲聲 鼻所得爲香 舌得爲味 身得爲觸

견지명지 수명윤 화명열 경동명풍 생오식처
堅持名地 水名潤 火名熱 輕動名風 生五識處

명근 여시일색일심 유불가사의색심 대왕 범
名根 如是一色一心 有不可思議色心 大王 凡

부육식추고 득가명청황방원등 무량가색법 성
夫六識麤故 得假名靑黃方圓等 無量假色法 聖

인육식정고 득실법색향미촉 일체실색법
人六識淨故 得實法色香味觸 一切實色法

중생자 세제지명야 약유약무 단생중생억념
衆生者 世諦之名也 若有若無 但生衆生憶念

명위세제 세제가광 환화고유 내지육도 환화
名爲世諦 世諦假誑 幻化故有 乃至六道 幻化

중생견환화 환화견환화 바라문 찰리 비사 수
衆生見幻化 幻化見幻化 婆羅門 刹利 毘舍 首

다 신아등색심 명위환제
陁 神我等色心 名爲幻諦

환제법무 불미출세전 무명자 무의명 환법환
幻諦法無 佛未出世前 無名字 無義名 幻法幻

화 무명자 무체상 무삼계명자 무선악과보육도
化 無名字 無體相 無三界名字 無善惡果報六道

명자 대왕 시고불불출현어세 위중생고 설작
名字 大王 是故佛佛出現於世 爲衆生故 說作

삼계육도명자 시명무량명자 여공법 사대법 심
三界六道名字 是名無量名字 如空法 四大法 心

법 색법
法 色法

상속가법 비일비이 일역불속 이역불속 비
相續假法 非一非異 一亦不續 異亦不續 非

일비이고 명상속제 상대가법 일체명상대 역명
一非異故 名相續諦 相待假法 一切名相待 亦名

부정상대 여오색등법 유무일체등법 일체법
不定相待 如五色等法 有無一切等法 一切法

개연성가 성중생 구시인과 이시인과 삼세선악
皆緣成假 成衆生 俱時因果 異時因果 三世善惡

일체환화 시환제중생
一切幻化 是幻諦衆生

대왕 약보살여상소견중생환화 개시가광 여
大王 若菩薩如上所見衆生幻化 皆是假誑 如

공중화 십주보살제불오안 여환제이견 보살화
空中華 十住菩薩諸佛五眼 如幻諦而見 菩薩化

중생위약차
衆生爲若此

설차법시 유무량천자급제대중 득복인자 득
說此法時 有無量天子及諸大衆 得伏忍者 得

공무생인 내지일지십지불가설덕행
空無生忍 乃至一地十地不可說德行

이제품 제사
二諦品 第四

이시 바사닉왕언 제일의제중 유세제부 약
爾時 波斯匿王言 第一義諦中 有世諦不 若

언무자 지불응이 약언유자 지불응일 일이지
言無者 智不應二 若言有者 智不應一 一二之

의 기사운하
義 其事云何

불고대왕 여어과거칠불 이문일의이의 여금
佛告大王 汝於過去七佛 已問一義二義 汝今

무청 아금무설 무청무설 즉위일의이의고 제청
無聽 我今無說 無聽無說 卽爲一義二義故 諦聽

제청 선사념지 여법수행 칠불게여시
諦聽 善思念之 如法修行 七佛偈如是

무상제일의　무자무타작
無相第一義　無自無他作

인연본자유　무자무타작
因緣本自有　無自無他作

법성본무성　제일의공여
法性本無性　第一義空如

제유본유법 　 삼가집가유
諸有本有法 　 三假集假有

무무제실무 　 적멸제일공
無無諦實無 　 寂滅第一空

제법인연유 　 유무의여시
諸法因緣有 　 有無義如是

유무본자이 　 비약우이각
有無本自二 　 譬若牛二角

조해견무이 　 이제상부즉
照解見無二 　 二諦常不卽

해심견불이 　 구이불가득
解心見不二 　 求二不可得

비위이제일 　 비이하가득
非謂二諦一 　 非二何可得

어해상자일 　 어제상자이
於解常自一 　 於諦常自二

통달차무이 　 진입제일의
通達此無二 　 眞入第一義

세제환화기 　 비여허공화
世諦幻化起 　 譬如虛空華

여영삼수무 　 인연고광유
如影三手無 　 因緣故誑有

환화견환화 중생명환제
幻化見幻化 衆生名幻諦

환사견환법 제실즉개무
幻師見幻法 諦實則皆無

명위제불관 보살관역연
名爲諸佛觀 菩薩觀亦然

대왕 보살마하살 어제일의중 상조이제 화중
大王 菩薩摩訶薩 於第一義中 常照二諦 化衆

생 불급중생 일이무이 하이고 이중생공고 득
生 佛及衆生 一而無二 何以故 以衆生空故 得

치보리공 이보리공고 득치중생공 이일체법공
置菩提空 以菩提空故 得置衆生空 以一切法空

고 공공 하이고 반야무상 이제허공 반야공 종
故 空空 何以故 般若無相 二諦虛空 般若空 從

무명 내지살바야 무자상 무타상고 오안성취
無明 乃至薩婆若 無自相 無他相故 五眼成就

시 견무소견 행역불수 불행역불수 비행비불
時 見無所見 行亦不受 不行亦不受 非行非不

행역불수 내지일체법역불수 보살미성불시 이
行亦不受 乃至一切法亦不受 菩薩未成佛時 以

보리위번뇌 보살성불시 이번뇌위보리 하이고
菩提爲煩惱 菩薩成佛時 以煩惱爲菩提 何以故

어제일의 이불이고 제불여래 내지일체법 여고
於第一義 而不二故 諸佛如來 乃至一切法 如故

백불언 운하시방제여래 일체보살 불리문자
白佛言 云何十方諸如來 一切菩薩 不離文字

이행제법상 대왕 법륜자 법본여 중송여 수기여
而行諸法相 大王 法輪者 法本如 重誦如 受記如

불송게여 무문이자설여 계경여 비유여 법계여
不誦偈如 無問而自說如 戒經如 譬喻如 法界如

본사여 방광여 미증유여 논의여 시명미구음성
本事如 方廣如 未曾有如 論議如 是名味句音聲

과문자기구일체여 약취문자자 불행공야
果文字記句一切如 若取文字者 不行空也

대왕 여여문자 수제불지모 일체중생성근본
大王 如如文字 修諸佛智母 一切衆生性根本

지모 즉위살바야체 제불미성불 이당불위지모
智母 卽爲薩婆若體 諸佛未成佛 以當佛爲智母

미득위성 이득위살바야 삼승반야 불생불멸
未得爲性 已得爲薩婆若 三乘般若 不生不滅

자성상주 일체중생 이차위각성고 약보살무수
自性常住 一切衆生 以此爲覺性故 若菩薩無受

무문자 이문자 비비문자 수무수위수문자자
無文字 離文字 非非文字 修無修爲修文字者

득반야진성반야바라밀 대왕 약보살호불 호화
得般若眞性般若波羅蜜 大王 若菩薩護佛 護化

중생 호십지행 위약차
衆生 護十地行 爲若此

백불언 무량품중생 근역무량 행역무량 법문
白佛言 無量品衆生 根亦無量 行亦無量 法門

위일 위이 위무량야 대왕 일체법관문 비일비
爲一 爲二 爲無量耶 大王 一切法觀門 非一非

이 내유무량 일체법역비유상 비비무상 약보
二 乃有無量 一切法亦非有相 非非無相 若菩

살견중생 견일견이 즉불견일 불견이 일이자
薩見衆生 見一見二 卽不見一 不見二 一二者

제일의제야 대왕 약유약무자 즉세제야 이삼
第一義諦也 大王 若有若無者 卽世諦也 以三

제 섭일체법 공제 색제 심제 고아설일체법 불
諦 攝一切法 空諦 色諦 心諦 故我說一切法 不

출삼제 아인지견오수음공 내지일체법공 중생
出三諦 我人知見五受陰空 乃至一切法空 衆生

품품 근행부동고 비일비이법문
品品 根行不同故 非一非二法門

대왕 칠불설마하반야바라밀 아금설반야바
大王 七佛說摩訶般若波羅蜜 我今說般若波

라밀 무이무별 여등대중 응당수지 독송해설
羅蜜 無二無別 汝等大衆 應當受持 讀誦解說

시경공덕 유무량불가설불가설제불 일일불 교
是經功德 有無量不可說不可說諸佛 一一佛 敎

화무량불가설중생 일일중생 개득성불 시불부
化無量不可說衆生 一一衆生 皆得成佛 是佛復

교화무량불가설중생 개득성불 시상삼불 설반
敎化無量不可說衆生 皆得成佛 是上三佛 說般

야바라밀경팔만억게 어일게중 부분위천분 어
若波羅蜜經八萬億偈 於一偈中 復分爲千分 於

일분중 설일분구의 불가궁진 황부어차경중 기
一分中 說一分句義 不可窮盡 況復於此經中 起

일념신 시제중생 초백겁천겁십지등공덕 하황
一念信 是諸衆生 超百劫千劫十地等功德 何況

수지독송해설자공덕 즉시방제불 등무유이 당
受持讀誦解說者功德 卽十方諸佛 等無有異 當

지시인 즉시여래 득불불구
知是人 卽是如來 得佛不久

시제대중 문설시경 십억인 득삼공인 백만억
時諸大衆 聞說是經 十億人 得三空忍 百萬億

인 득대공인십지성
人 得大空忍十地性

대왕 차경명위인왕문반야바라밀경 여등수
大王 此經名爲仁王問般若波羅蜜經 汝等受

지반야바라밀경 시경부유무량공덕 명위호국
持般若波羅蜜經 是經復有無量功德 名爲護國

토공덕 역명일체국왕법약 복행무부대용 호사
土功德 亦名一切國王法藥 服行無不大用 護舍

택공덕 역호일체중생신 즉차반야바라밀 시호
宅功德 亦護一切衆生身 卽此般若波羅蜜 是護

국토 여성참장벽 도검모순 여응수지반야바라
國土 如城塹牆壁 刀劍鉾楯 汝應受持般若波羅

밀 역부여시
蜜 亦復如是

호국품 제오
護國品 第五

이시 불고대왕 여등선청 오금정설호국토법
爾時 佛告大王 汝等善聽 吾今正說護國土法

용 여당수지반야바라밀 당국토욕란 파괴겁소
用 汝當受持般若波羅蜜 當國土欲亂 破壞劫燒

적래파국시 당청백불상 백보살상 백나한상
賊來破國時 當請百佛像 百菩薩像 百羅漢像

백비구중 사대중칠중 공청 청백법사 강반야
百比丘衆 四大衆七衆 共聽 請百法師 講般若

바라밀 백사자후고좌전 연백등 소백화향 백
波羅蜜 百師子吼高座前 燃百燈 燒百和香 百

종색화 이용공양삼보 삼의집물 공양법사 소
種色花 以用供養三寶 三衣什物 供養法師 小

반중식 역부이시 대왕 일일이시 강독차경 여
飯中食 亦復以時 大王 一日二時 講讀此經 汝

국토중 유백부귀신 시일일부 부유백부 요문
國土中 有百部鬼神 是一一部 復有百部 樂聞

시경 차제귀신 호여국토 대왕 국토란시 선귀
是經 此諸鬼神 護汝國土 大王 國土亂時 先鬼

신란 귀신란고 만민란 적래겁국 백성망상 신
神亂 鬼神亂故 萬民亂 賊來劫國 百姓亡喪 臣

군 태자왕자 백관 공생시비 천지괴이 이십팔
君 太子王子 百官 共生是非 天地怪異 二十八

수성도 일월 실시실도 다유적기 대왕 약화난
宿星道 日月 失時失度 多有賊起 大王 若火難

수난풍난 일체제난 역응강독차경 법용여상설
水難風難 一切諸難 亦應講讀此經 法用如上說

대왕 부단호국 역유호복 구부귀관위 칠보여
大王 不但護國 亦有護福 求富貴官位 七寶如

의 행래 구남녀 구혜해명문 구육천과보 인중
意 行來 求男女 求慧解名聞 求六天果報 人中

구품과락 역강차경 법용여상설 대왕 부단호
九品果樂 亦講此經 法用如上說 大王 不但護

복 역호중난 약질병고난 추계가쇄 검계기신
福 亦護衆難 若疾病苦難 杻械枷鎖 檢繫其身

파사중죄 작오역인 작팔난죄 행육도사 일체
破四重罪 作五逆因 作八難罪 行六道事 一切

무량고난 역강차경 법용여상설
無量苦難 亦講此經 法用如上說

대왕 석일유왕 석제환인 위정생왕래상천 욕
大王 昔日有王 釋提桓因 爲頂生王來上天 欲

멸기국 시제석천왕 즉여칠불법용 부백고좌 청
滅其國 時帝釋天王 卽如七佛法用 敷百高座 請

백법사 강반야바라밀 정생즉퇴 여멸죄경중설
百法師 講般若波羅蜜 頂生卽退 如滅罪經中說

대왕 석유천라국왕 유일태자 욕등왕위 일명
大王 昔有天羅國王 有一太子 欲登王位 一名

반족 태자위외도라타사 수교응취천왕두 이제
班足 太子爲外道羅陁師 受教應取千王頭 以祭

가신 자등기위 이득구백구십구왕 소일왕 즉
家神 自登其位 已得九百九十九王 少一王 卽

북행만리 즉득일왕 명보명왕 기보명왕 백반
北行萬里 卽得一王 名普明王 其普明王 白班

족왕언 원청일일 반사사문 정례삼보 기반족왕
足王言 願聽一日 飯食沙門 頂禮三寶 其班足王

허지일일 시보명왕 즉의과거칠불법 청백법사
許之一日 時普明王 卽依過去七佛法 請百法師

부백고좌 일일이시 강반야바라밀팔천억게경
敷百高座 一日二時 講般若波羅蜜八千億偈竟

기제일법사 위보명왕 이설게언
其第一法師 爲普明王 而說偈言

겁소종흘 건곤통연
劫燒終訖 乾坤洞燃

수미거해 도위회양
須彌巨海 都爲灰煬

천룡복진 어중조상
天龍福盡 於中彫喪

이의상운 국유하상
二儀尙殞 國有何常

생로병사 윤전무제
生老病死 輪轉無際

사여원위 우비위해
事與願違 憂悲爲害

욕심화중 창우무외
欲深禍重 瘡疣無外

삼계개고 국유하뢰
三界皆苦 國有何賴

유본자무 인연성제
有本自無 因緣成諸

성자필쇠 실자필허
盛者必衰 實者必虛

중생준준 도여환거
衆生蠢蠢 都如幻居

성향구공 국토역여
聲響俱空 國土亦如

식신무형 가승사사
識神無形 假乘四蛇

무명보양 이위낙거
無明保養 以爲樂車

형무상주 신무상가
形無常主 神無常家

형신상리 기유국야
形神尙離 豈有國耶

이시 법사설차게이 시보명왕권속 득법안공
爾時 法師說此偈已 時普明王眷屬 得法眼空

왕자증허공등정 문법오해 환지천라국반족왕
王自證虛空等定 聞法悟解 還至天羅國班足王

소 중중 즉고구백구십구왕언 취명시도 인인
所 衆中 卽告九百九十九王言 就命時到 人人

개응송과거칠불인왕문반야바라밀경중게구
皆應誦過去七佛仁王問般若波羅蜜經中偈句

시반족왕 문제왕언 개송하법 시보명왕 즉이
時班足王 問諸王言 皆誦何法 時普明王 卽以

상게답왕 왕문시법 득공삼매 구백구십구왕
上偈答王 王聞是法 得空三昧 九百九十九王

역문법이 개증삼공문정 시반족왕 극대환희
亦聞法已 皆證三空門定 時班足王 極大歡喜

고제왕언 아위외도사사소오 비군등과 여가환
告諸王言 我爲外道邪師所誤 非君等過 汝可還

본국 각각청법사 강반야바라밀명미구 시반족
本國 各各請法師 講般若波羅蜜名味句 時班足

왕 이국부제 출가위도 증무생법인 여시왕지
王 以國付弟 出家爲道 證無生法忍 如十王地

중설 오천국왕 상송시경 현세생보
中說 五千國王 常誦是經 現世生報

대왕 십육대국왕 수호국지법 법응여시 여당
大王 十六大國王 修護國之法 法應如是 汝當

봉지 천상인중육도중생 개응수지칠불명미구
奉持 天上人中六道衆生 皆應受持七佛名味句

미래세중 유무량소국왕 욕호국토 역부이자
未來世中 有無量小國王 欲護國土 亦復爾者

응청법사 설반야바라밀
應請法師 說般若波羅蜜

이시 석가모니불 설반야바라밀 시중중오백
爾時 釋迦牟尼佛 說般若波羅蜜 時衆中五百

억인 득입초지 부유육욕제천자팔십만인 득성
億人 得入初地 復有六欲諸天子八十萬人 得性

공지 부유십팔범왕 득무생인 득무생법락인
空地 復有十八梵王 得無生忍 得無生法樂忍

부유선이학보살자 증일지 이지 삼지 내지십
復有先以學菩薩者 證一地 二地 三地 乃至十

지 부유팔부아수륜왕 득십삼매문 득이삼매문
地 復有八部阿須輪王 得十三昧門 得二三昧門

득전귀신 천상정수 재차회자 개득자성신 내
得轉鬼身 天上正受 在此會者 皆得自性信 乃

지무량공신
至無量空信

오금약설천등공덕 불가구진
吾今略說天等功德 不可具盡

산화품 제육
散華品 第六

이시 십육대국왕 문불설십만억게반야바라
爾時 十六大國王 聞佛說十萬億偈般若波羅

밀 환희무량 즉산백만억행화 어허공중 변위
蜜 歡喜無量 卽散百萬億行華 於虛空中 變爲

일좌 시방제불 공좌차좌 설반야바라밀 무량
一座 十方諸佛 共坐此座 說般若波羅蜜 無量

대중 공좌일좌 지금라화 산석가모니불상 성
大衆 共坐一座 持金羅華 散釋迦牟尼佛上 成

만륜화 개대중상 부산팔만사천반야바라밀화
萬輪華 蓋大衆上 復散八萬四千般若波羅蜜華

어허공중 변성백운대 대중광명왕불 공무량중
於虛空中 變成白雲臺 臺中光明王佛 共無量衆

설반야바라밀 대중대중 지뇌후화 산석가모니
說般若波羅蜜 臺中大衆 持雷吼華 散釋迦牟尼

불급제대중 부산묘각화 어허공중 변작금강
佛及諸大衆 復散妙覺華 於虛空中 變作金剛

성 성중사자후왕불 공시방불대보살 논제일의
城 城中師子吼王佛 共十方佛大菩薩 論第一義

제 시성중보살 지광명화 산석가모니불상 성
諦 時城中菩薩 持光明華 散釋迦牟尼佛上 成

일화대 대중시방불제천 산천화 어석가모니불
一華臺 臺中十方佛諸天 散天華 於釋迦牟尼佛

상 허공중 성자운개 부삼천대천세계 개중천
上 虛空中 成紫雲蓋 覆三千大千世界 蓋中天

인 산항하사화 여운이하
人 散恒河沙華 如雲而下

시제국왕 산화공이 원과거불 현재불 미래불
時諸國王 散華供已 願過去佛 現在佛 未來佛

상설반야바라밀 원일체수지자 비구비구니 신
常說般若波羅蜜 願一切受持者 比丘比丘尼 信

남신녀 소구여의 상행반야바라밀 불고대왕
男信女 所求如意 常行般若波羅蜜 佛告大王

여시여시 여왕소설 반야바라밀 응설응수 시
如是如是 如王所說 般若波羅蜜 應說應受 是

제불모 제보살모 신통생처
諸佛母 諸菩薩母 神通生處

시불위왕 현오부사의신변 일화 입무량화
時佛爲王 現五不思議神變 一華 入無量華

무량화 입일화 일불토 입무량불토 무량불토
無量華 入一華 一佛土 入無量佛土 無量佛土

입일불토 무량불토 입일모공토 일모공토 입
入一佛土 無量佛土 入一毛孔土 一毛孔土 入

무량모공토 무량수미 무량대해 입개자중 일
無量毛孔土 無量須彌 無量大海 入芥子中 一

불신 입무량중생신 무량중생신 입일불신 입
佛身 入無量衆生身 無量衆生身 入一佛身 入

육도신 입지수화풍신 불신불가사의 중생신
六道身 入地水火風身 佛身不可思議 衆生身

불가사의 세계불가사의
不可思議 世界不可思議

불현신족시 시방제천인 득불화삼매 십항하
佛現神足時 十方諸天人 得佛華三昧 十恒河

사보살 현신성불 삼항하사팔부왕 성보살도
沙菩薩 現身成佛 三恒河沙八部王 成菩薩道

십천여인 현신득신통삼매
十千女人 現身得神通三昧

선남자 시반야바라밀 유삼세이익 과거이설
善男子 是般若波羅蜜 有三世利益 過去已說

현재금설 미래당설 제청제청 선사념지 여법
現在今說 未來當說 諦聽諦聽 善思念之 如法

수행
修行

수지품 제칠
受持品 第七

이시 월광심념구언 견석가모니불 현무량신
爾時 月光心念口言 見釋迦牟尼佛 現無量神

력 역견천화대상보만불 시일체불화신주 부견
力 亦見千華臺上寶滿佛 是一切佛化身主 復見

천화엽세계상불 기중 제불각각 설반야바라밀
千華葉世界上佛 其中 諸佛各各 說般若波羅蜜

백불언 여시무량반야바라밀 불가설 불가해
白佛言 如是無量般若波羅蜜 不可說 不可解

불가이식식 운하제선남자 어시경중 명료각해
不可以識識 云何諸善男子 於是經中 明了覺解

여법위일체중생 개공법도
如法爲一切衆生 開空法道

대모니언 유수행십삼관문제선남자 위대법왕
大牟尼言 有修行十三觀門諸善男子 爲大法王

종습인 지금강정 개위법사 의지건립 여등대
從習忍 至金剛頂 皆爲法師 依持建立 汝等大

중 응여불공양 이공양지 응지백만억천화천향
衆 應如佛供養 而供養之 應持百萬億天華天香

이이봉상
而以奉上

선남자 기법사자 시습종성보살 약재가바차
善男子 其法師者 是習種性菩薩 若在家婆差

우바차 약출가비구 비구니 수행십선 자관기
憂婆差 若出家比丘 比丘尼 修行十善 自觀己

신지수화풍공식 분분부정 부관십사근 소위오
身地水火風空識 分分不淨 復觀十四根 所謂五

정오수 남녀의명등 유무량죄과고 즉발무상보
情五受 男女意命等 有無量罪過故 卽發無上菩

리심 상수삼계일체 염념개부정고 득부정인관
提心 常修三界一切 念念皆不淨故 得不淨忍觀

문 주재불가 수육화경 소위삼업 동계동견동
門 住在佛家 修六和敬 所謂三業 同戒同見同

학 행팔만사천바라밀도
學 行八萬四千波羅蜜道

선남자 습인이전 행십선보살 유퇴유진 비
善男子 習忍以前 行十善菩薩 有退有進 譬

여경모 수풍동서 시제보살 역부여시 수이십
如輕毛 隨風東西 是諸菩薩 亦復如是 雖以十

천겁 행십정도 발삼보리심 내당입습인위 역
千劫 行十正道 發三菩提心 乃當入習忍位 亦

상학삼복인법 이불가명자 시부정인 시정인자
常學三伏忍法 而不可名字 是不定人 是定人者

입생공위 성인성고 필불기오역육중이십팔경
入生空位 聖人性故 必不起五逆六重二十八輕

불법경서 작반역죄 언비불설 무유시처 능이
佛法經書 作返逆罪 言非佛說 無有是處 能以

일아승기겁 수복도인행 시득입승가타위
一阿僧祇劫 修伏道忍行 始得入僧伽陁位

부차 성종성 행십혜관 멸십전도 급아인지견
復次 性種性 行十慧觀 滅十顚倒 及我人知見

분분가위 단유명 단유수 단유법 불가득 무정
分分假僞 但有名 但有受 但有法 不可得 無定

상 무자타상고 수호공관 역상행백만바라밀 염
相 無自他相故 修護空觀 亦常行百萬波羅蜜 念

념불거심 이이아승기겁 행정도법 주바라타위
念不去心 以二阿僧祇劫 行正道法 住波羅陁位

부차 도종성 주견인중 관일체법무생무주무
復次 道種性 住堅忍中 觀一切法無生無住無

멸 소위오수 삼계이제 무자타상 여실성불가득
滅 所謂五受 三界二諦 無自他相 如實性不可得

고 이상입제일의제 심심적멸 이수생삼계 하이
故 而常入第一義諦 心心寂滅 而受生三界 何以

고 업습과보 미괴진고 순도생 부이삼아승기
故 業習果報 未壞盡故 順道生 復以三阿僧祇

겁 수팔만억바라밀 당득평등성인지고 주아비
劫 修八萬億波羅蜜 當得平等聖人地故 住阿毘

발치정위
跋致正位

부차 선각마하살 주평등인 수행사섭 염념불
復次 善覺摩訶薩 住平等忍 修行四攝 念念不

거심 입무상사 멸삼계탐번뇌 어제일의제이불
去心 入無相捨 滅三界貪煩惱 於第一義諦而不

이 위법성무위 연리이멸일체상고 위지연멸무
二 爲法性無爲 緣理而滅一切相故 爲智緣滅無

상무위 주초인시 미래무량생사 불유지연이멸
相無爲 住初忍時 未來無量生死 不由智緣而滅

고 비지연멸무상무위 무자타상 무무상고 무
故 非智緣滅無相無爲 無自他相 無無相故 無

량방편 개현전관 실상방편자 어제일의제 불
量方便 皆現前觀 實相方便者 於第一義諦 不

침불출 부전부전도 변학방편자 비증비부증
沈不出 不轉不顚倒 遍學方便者 非證非不證

이일체학 회향방편자 비주과 비부주과 이향
而一切學 迴向方便者 非住果 非不住果 而向

살바야 마자재방편자 어비도 이행불도 사마
薩婆若 魔自在方便者 於非道 而行佛道 四魔

소부동 일승방편자 어불이상 통달중생일체
所不動 一乘方便者 於不二相 通達衆生一切

행고 변화방편자 이원력자재 생일체정불국
行故 變化方便者 以願力自在 生一切淨佛國

토 여시 선남자 시초각지 어유무상 이불이 시
土 如是 善男子 是初覺智 於有無相 而不二 是

실지조 공용 부증불침 불출부도 시방편관 비
實知照 功用 不證不沈 不出不到 是方便觀 譬

여수지여파 불일불이 내지일체행바라밀 선정
如水之與波 不一不異 乃至一切行波羅蜜 禪定

다라니 불일불이고 이일일행성취 이사아승기
陁羅尼 不一不二故 而一一行成就 以四阿僧祇

겁 행행고 입차공덕장문 무삼계업습생고 필
劫 行行故 入此功德藏門 無三界業習生故 畢

고부조신 이원력고 변화생일체정토 상수사관
故不造新 以願力故 變化生一切淨土 常修捨觀

고 등구마라가위 이사대보장 상수여인
故 登鳩摩羅伽位 以四大寶藏 常授與人

부차 덕혜보살 이사무량심 멸삼유진등번뇌
復次 德慧菩薩 以四無量心 滅三有瞋等煩惱

주중인중 행일체공덕고 이오아승기겁 행대자
住中忍中 行一切功德故 以五阿僧祇劫 行大慈

관 심심상현재전 입무상사타바라위 화일체
觀 心心常現在前 入無相闍陁波羅位 化一切

중생
衆生

부차 명혜도인 상이무상인중 행삼명관 지삼
復次 明慧道人 常以無相忍中 行三明觀 知三

세법 무래무거 무주처 심심적멸 진삼계치번
世法 無來無去 無住處 心心寂滅 盡三界癡煩

뇌 득삼명일체공덕관고 상이육아승기겁 집무
惱 得三明一切功德觀故 常以六阿僧祇劫 集無

량명바라밀고 입가라타위 무상행 수지일체법
量明波羅蜜故 入伽羅陁位 無相行 受持一切法

부차 이염성각달보살 수행순법인 역오견류
復次 爾焰聖覺達菩薩 修行順法忍 逆五見流

집무량공덕 주수다원위 상이천안 천이 숙명
集無量功德 住須陁洹位 常以天眼 天耳 宿命

타심 신통달 염념중 멸삼계일체견 역이칠아
他心 身通達 念念中 滅三界一切見 亦以七阿

승기겁 행오신통 항하사바라밀 상불리심
僧祇劫 行五神通 恒河沙波羅蜜 常不離心

부차 승달보살 어순도인 이사무외 관나유타
復次 勝達菩薩 於順道忍 以四無畏 觀那由他

제 내도론 외도론 약방 공교 주술고 아시일체
諦 內道論 外道論 藥方 工巧 呪術故 我是一切

지인 멸삼계의등번뇌고 아상이진 지지지유소
智人 滅三界疑等煩惱故 我相已盡 知地地有所

출 고명출도 유소불출 고명장도 역삼계의 수
出 故名出道 有所不出 故名障道 逆三界疑 修

습무량공덕고 즉입사다함위 부집행팔아승기
習無量功德故 卽入斯陀含位 復集行八阿僧祇

겁중 행제다라니문고 상행무외관 불거심
劫中 行諸陁羅尼門故 常行無畏觀 不去心

부차 상현진실 주순인중 작중도관 진삼계집
復次 常現眞實 住順忍中 作中道觀 盡三界集

인집업일체번뇌고 관비유비무 일상무상 이무
因集業一切煩惱故 觀非有非無 一相無相 而無

이고 증아나함위 부어구아승기겁집 조명중도
二故 證阿那含位 復於九阿僧祇劫集 照明中道

고 낙력생일체불국토
故 樂力生一切佛國土

부차 현달보살 십아승기겁중 수무생인법락
復次 玄達菩薩 十阿僧祇劫中 修無生忍法樂

인자 명위박인 순일체도생 이일심인중 멸삼계
忍者 名爲縛忍 順一切道生 而一心忍中 滅三界

습인업과 주후신중 무량공덕개성취 무생지
習因業果 住後身中 無量功德皆成就 無生智

진지 오분법신개만족 주제십지아라한범천위
盡智 五分法身皆滿足 住第十地阿羅漢梵天位

상행삼공문관 백천만삼매구족 홍화법장
常行三空門觀 百千萬三昧具足 弘化法藏

부차 등각자 주무생인중 관심심적멸 이무상
復次 等覺者 住無生忍中 觀心心寂滅 而無相

상 무신신 무지지 이용심승어군방지방 담박
相 無身身 無知知 而用心乘於群方之方 憺泊

주어무주지주 재유상수공 처공상만화 쌍조일
住於無住之住 在有常修空 處空常萬化 雙照一

체법고 지시처비시처 내지일체지십력관고 이
切法故 知是處非是處 乃至一切智十力觀故 而

등마하라가위 화일체국토중생 천아승기겁 행
登摩訶羅伽位 化一切國土衆生 千阿僧祇劫 行

십력법 심심상응 상입견불삼매
十力法 心心相應 常入見佛三昧

부차 혜광신변자 주상상무생인 멸심심상 법
復次 慧光神變者 住上上無生忍 滅心心相 法

안견일체법 정삼안색공견 이대원력 상생일체
眼見一切法 淨三眼色空見 以大願力 常生一切

정토 만아승기겁 집무량불광삼매 이능현백만
淨土 萬阿僧祇劫 集無量佛光三昧 而能現百萬

항하사제불신력 주바가범위 역상입불화삼매
恒河沙諸佛神力 住婆伽梵位 亦常入佛華三昧

부차 관불보살 주적멸인자 종시발심 지금 경
復次 觀佛菩薩 住寂滅忍者 從始發心 至今 經

백만아승기겁 수백만아승기겁공덕고 등일체
百萬阿僧祇劫 修百萬阿僧祇劫功德故 登一切

법해탈 주금강대 선남자 종습인 지정삼매 개
法解脫 住金剛臺 善男子 從習忍 至頂三昧 皆

명위복일체번뇌 이무상신 멸일체번뇌 생해탈
名爲伏一切煩惱 而無相信 滅一切煩惱 生解脫

지 조제일의제 불명위견 소위견자 시살바야
智 照第一義諦 不名爲見 所謂見者 是薩婆若

시고아종석이래 상설유불소지견각 정삼매이
是故我從昔以來 常說唯佛所知見覺 頂三昧以

하 지어습인 소부지불견불각 유불돈해 불명
下 至於習忍 所不知不見不覺 唯佛頓解 不名

위신점점복자 혜수기멸 이능무생무멸 차심약
爲信漸漸伏者 慧雖起滅 以能無生無滅 此心若

멸 즉루무불멸 무생무멸 입이진금강삼매 동
滅 則累無不滅 無生無滅 入理盡金剛三昧 同

진제 등법성 이미능등무등등 비여유인 등대
眞際 等法性 而未能等無等等 譬如有人 登大

고대 하관일체 무불사료 주이진삼매 역부여
高臺 下觀一切 無不斯了 住理盡三昧 亦復如

시 상수일체행 만공덕장 입바가도위 역부상
是 常修一切行 滿功德藏 入婆伽度位 亦復常

주불혜삼매
住佛慧三昧

선남자 여시제보살 개능일체시방제여래국
善男子 如是諸菩薩 皆能一切十方諸如來國

토중 화중생 정설정의 수지독송 해달실상 여
土中 化衆生 正說正義 受持讀誦 解達實相 如

아금일 등무유이
我今日 等無有異

불고바사닉왕 아당멸도후 법욕멸시 수지시
佛告波斯匿王 我當滅度後 法欲滅時 受持是

반야바라밀 대작불사 일체국토안립 만성쾌락
般若波羅蜜 大作佛事 一切國土安立 萬姓快樂

개유차반야바라밀 시고부촉제국왕 불부촉비
皆由此般若波羅蜜 是故付囑諸國王 不付囑比

구 비구니 청신남 청신녀 하이고 무왕력고 고
丘 比丘尼 淸信男 淸信女 何以故 無王力故 故

불부촉 여당수지독송 해기의리
不付囑 汝當受持讀誦 解其義理

대왕 오금소화백억수미 백억일월 일일수미
大王 吾今所化百億須彌 百億日月 一一須彌

유사천하 기남염부제 유십육대국 오백중국
有四天下 其南閻浮提 有十六大國 五百中國

십천소국 기국토중 유칠가난 일체국왕 위시
十千小國 其國土中 有七可難 一切國王 爲是

난고 강독반야바라밀 칠난즉멸 칠복즉생 만
難故 講讀般若波羅蜜 七難卽滅 七福卽生 萬

성안락 제왕환희
姓安樂 帝王歡喜

운하위난 일월실도 시절반역 혹적일출 흑
云何爲難 日月失度 時節返逆 或赤日出 黑

일출 이삼사오일출 혹일식무광 혹일륜일중
日出 二三四五日出 或日蝕無光 或日輪一重

이삼사오중륜현 당변괴시 독설차경 위일난야
二三四五重輪現 當變怪時 讀說此經 爲一難也

이십팔수실도 금성 혜성 윤성 귀성 화성 수성
二十八宿失度 金星 彗星 輪星 鬼星 火星 水星

풍성 도성 남두북두오진대성 일체국주성 삼
風星 刀星 南斗北斗五鎭大星 一切國主星 三

공성 백관성 여시제성 각각변현 역독설차경
公星 百官星 如是諸星 各各變現 亦讀說此經

위이난야 대화소국 만성소진 혹귀화 용화 천
爲二難也 大火燒國 萬姓燒盡 或鬼火 龍火 天

화 산신화 인화 수목화 적화 여시변괴 역독설
火 山神火 人火 樹木火 賊火 如是變怪 亦讀說

차경 위삼난야 대수표몰백성 시절반역 동우
此經 爲三難也 大水漂沒百姓 時節返逆 冬雨

하설 동시뇌전벽력 유월우빙상박 우적수흑수
夏雪 冬時雷電霹靂 六月雨冰霜雹 雨赤水黑水

청수 우토산석산 우사력석 강하역류 부산류
青水 雨土山石山 雨沙礫石 江河逆流 浮山流

석 여시변시 역독설차경 위사난야 대풍취 살
石 如是變時 亦讀說此經 爲四難也 大風吹 殺

만성 국토산하수목 일시멸몰 비시대풍 흑풍
萬姓 國土山河樹木 一時滅沒 非時大風 黑風

적풍 청풍 천풍 지풍 화풍 여시변시 역독차경
赤風 靑風 天風 地風 火風 如是變時 亦讀此經

위오난야 천지국토 항양염화통연 백초항한
爲五難也 天地國土 亢陽炎火洞燃 百草亢旱

오곡부등 토지혁연 만성멸진 여시변시 역독
五穀不登 土地赫燃 萬姓滅盡 如是變時 亦讀

차경 위육난야 사방적래침국 내외적기 화적
此經 爲六難也 四方賊來侵國 內外賊起 火賊

수적 풍적 귀적 백성황란 도병겁기 여시괴시
水賊 風賊 鬼賊 百姓荒亂 刀兵劫起 如是怪時

역독차경 위칠난야
亦讀此經 爲七難也

대왕 시반야바라밀 시제불보살 일체중생
大王 是般若波羅蜜 是諸佛菩薩 一切衆生

심식지신본야 일체국왕지부모야 역명신부 역
心識之神本也 一切國王之父母也 亦名神符 亦

명벽귀주 역명여의주 역명호국주 역명천지경
名辟鬼珠 亦名如意珠 亦名護國珠 亦名天地鏡

역명용보신왕
亦名龍寶神王

불고대왕 응작구색번 장구장 구색화 고이장
佛告大王 應作九色幡 長九丈 九色華 高二丈

천지등 고오장 구옥상 구옥건 역작칠보안 이
千支燈 高五丈 九玉箱 九玉巾 亦作七寶案 以

경치상 약왕행시 상어기전 족일백보 시경상
經置上 若王行時 常於其前 足一百步 是經常

방천광명 영천리내 칠난불기 죄과불생 약왕
放千光明 令千里內 七難不起 罪過不生 若王

주시 작칠보장 중칠보고좌 이경권치상 일일
住時 作七寶帳 中七寶高座 以經卷置上 日日

공양 산화소향 여사부모 여사제석
供養 散華燒香 如事父母 如事帝釋

대왕 아금오안 명견삼세 일체국왕 개유과거
大王 我今五眼 明見三世 一切國王 皆由過去

시오백불 득위제왕주 시고일체성인라한 이위
侍五百佛 得爲帝王主 是故一切聖人羅漢 而爲

래생피국 작대이익 약왕복진시 일체성인 개
來生彼國 作大利益 若王福盡時 一切聖人 皆

위사거 약일체성인거시 칠난필기 대왕 약미
爲捨去 若一切聖人去時 七難必起 大王 若未

래세 유제국왕 호지삼보자 아사오대력보살
來世 有諸國王 護持三寶者 我使五大力菩薩

왕호기국 일금강후보살 수지천보상륜 왕호피
往護其國 一金剛吼菩薩 手持千寶相輪 往護彼

국 이용왕후보살 수지금륜등 왕호피국 삼무
國 二龍王吼菩薩 手持金輪燈 往護彼國 三無

외십력후보살 수지금강저 왕호피국 사뇌전후
畏十力吼菩薩 手持金剛杵 往護彼國 四雷電吼

보살 수지천보라망 왕호피국 오무량력후보살
菩薩 手持千寶羅網 往護彼國 五無量力吼菩薩

수지오천검륜 왕호피국 오대사 오천대신왕
手持五千劍輪 往護彼國 五大士 五千大神王

어여국중 대작이익 당입형상 이공양지
於汝國中 大作利益 當立形像 而供養之

대왕 오금삼보 부촉여등일체제왕 교살라국
大王 吾今三寶 付囑汝等一切諸王 憍薩羅國

사위국 마갈제국 바라나국 가이라위국 구시
舍衛國 摩竭提國 波羅奈國 迦夷羅衛國 鳩尸

나국 구섬미국 구류국 계빈국 미제국 가라건
那國 鳩睒彌國 鳩留國 罽賓國 彌提國 伽羅乾

국 건타위국 사타국 승가타국 건나굴사국 바
國 乾陀衛國 沙陀國 僧伽陀國 健拏掘闍國 波

제국 여시일체제국왕등 개응수지반야바라밀
提國 如是一切諸國王等 皆應受持般若波羅蜜

시제대중 급아수륜왕 문불설미래세칠가외
時諸大衆 及阿須輪王 聞佛說未來世七可畏

신모위수 호성대규이언 원불생피국 시십육대
身毛爲豎 呼聲大叫而言 願不生彼國 時十六大

국왕 즉이국사부제 출가수도 관사대사색승출
國王 卽以國事付弟 出家修道 觀四大四色勝出

상 사대사색 불용식공입행상 삼십인초지상
相 四大四色 不用識空入行相 三十忍初地相

제일의제구지상 시고대왕 사범부신 입육주신
第一義諦九地相 是故大王 捨凡夫身 入六住身

사칠보신 입팔법신 증일체행반야바라밀
捨七報身 入八法身 證一切行般若波羅蜜

십팔범천 아수륜왕 득삼승관 동무생경 부산
十八梵天 阿須輪王 得三乘觀 同無生境 復散

화공양 공화 법성화 성인화 순화 무생화 법락
華供養 空華 法性華 聖人華 順華 無生華 法樂

화 금강화 연관중도화 삼십칠품화 이산불상
華 金剛華 緣觀中道華 三十七品華 而散佛上

급구백억대보살중 기여일체중 증도적과 산심
及九百億大菩薩衆 其餘一切衆 證道迹果 散心

공화 심수화 육바라밀화 묘각화 이산불상급
空華 心樹華 六波羅蜜華 妙覺華 而散佛上及

일체중 십천보살 염내세중생 즉증묘각삼매
一切衆 十千菩薩 念來世衆生 卽證妙覺三昧

원명삼매 금강삼매 세제삼매 진제삼매 제일
圓明三昧 金剛三昧 世諦三昧 眞諦三昧 第一

의제삼매 차삼제삼매 시일체삼매왕삼매 역득
義諦三昧 此三諦三昧 是一切三昧王三昧 亦得

무량삼매 칠재삼매 이십오유삼매 일체행삼매
無量三昧 七財三昧 二十五有三昧 一切行三昧

부유십억보살 등금강정 현성정각
復有十億菩薩 登金剛頂 現成正覺

촉루품 제팔
囑累品 第八

불고바사닉왕 아계칙여등 오멸도후 팔십년
佛告波斯匿王 我誡勅汝等 吾滅度後 八十年

팔백년 팔천년중 무불무법무승 무신남무신녀
八百年 八千年中 無佛無法無僧 無信男無信女

시 차경삼보 부촉제국왕 사부제자 수지독송
時 此經三寶 付囑諸國王 四部弟子 受持讀誦

해의 위삼계중생 개공혜도 수칠현행 십선행
解義 爲三界衆生 開空慧道 修七賢行 十善行

화일체중생
化一切衆生

후오탁세 비구 비구니 사부제자 천룡팔부
後五濁世 比丘 比丘尼 四部弟子 天龍八部

일체신왕 국왕대신 태자왕자 자시고귀 멸파오
一切神王 國王大臣 太子王子 自恃高貴 滅破吾

법 명작제법 제아제자비구비구니 불청출가행
法 明作制法 制我弟子比丘比丘尼 不聽出家行

도 역부불청조작불상형불탑형 입통관제중
道 亦復不聽造作佛像形佛塔形 立統官制衆

안적기승 비구지립 백의고좌 병노위비구 수
安籍記僧 比丘地立 白衣高坐 兵奴爲比丘 受

별청법 지식비구 공위일심친선 비구위작재회
別請法 知識比丘 共爲一心親善 比丘爲作齋會

구복 여외도법 도비오법 당지이시 정법장멸
求福 如外道法 都非吾法 當知爾時 正法將滅

불구
不久

　　대왕 괴란오도 시여등작 자시위력 제아사부
　　大王 壞亂吾道 是汝等作 自恃威力 制我四部

제자 백성질병 무불고난 시파국인연 설오탁죄
弟子 百姓疾病 無不苦難 是破國因緣 說五濁罪

궁겁부진
窮劫不盡

　　대왕 법말세시 유제비구 사부제자 국왕대신
　　大王 法末世時 有諸比丘 四部弟子 國王大臣

다작비법지행 횡여불법중승 작대비법 작제죄
多作非法之行 橫與佛法衆僧 作大非法 作諸罪

과 비법비율 계박비구 여옥수법 당이지시 법
過 非法非律 繫縛比丘 如獄囚法 當爾之時 法

멸불구
滅不久

　　대왕 아멸도후 미래세중 사부제자 제소국왕
　　大王 我滅度後 未來世中 四部弟子 諸小國王

태자왕자 내시주지호삼보자 전갱멸파삼보
太子王子 乃是住持護三寶者 轉更滅破三寶

여사자신중충 자식사자 비외도야 다괴아불
如師子身中虫 自食師子 非外道也 多壞我佛

법 득대죄과 정교쇠박 민무정행 이점위악 기
法 得大罪過 正敎衰薄 民無正行 以漸爲惡 其

수일감 지우백세 인괴불교 무부효자 육친불
壽日減 至于百歲 人壞佛敎 無復孝子 六親不

화 천신불우 질역악귀 일래침해 재괴수미 연
和 天神不祐 疾疫惡鬼 日來侵害 災怪首尾 連

화종횡 사입지옥아귀축생 약출위인 병노과보
禍縱橫 死入地獄餓鬼畜生 若出爲人 兵奴果報

여향응성 여인야서 화멸자존 삼계과보 역부
如響應聲 如人夜書 火滅字存 三界果報 亦復

여시
如是

대왕 미래세중 일체국왕 태자왕자 사부제자
大王 未來世中 一切國王 太子王子 四部弟子

횡여불제자 서기제계 여백의법 여병노법 약아
橫與佛弟子 書記制戒 如白衣法 如兵奴法 若我

제자 비구비구니 입적위관소사 도비아제자 시
弟子 比丘比丘尼 立籍爲官所使 都非我弟子 是

병노법 입통관 섭승전 주승적 대소승통 공상
兵奴法 立統官 攝僧典 主僧籍 大小僧統 共相

섭박 여옥수법 병노지법 당이지시 불법불구
攝縛 如獄囚法 兵奴之法 當爾之時 佛法不久

대왕 미래세중 제소국왕 사부제자 자작차죄
大王 未來世中 諸小國王 四部弟子 自作此罪

파국인연 신자수지 비불법승
破國因緣 身自受之 非佛法僧

대왕 미래세중 유통차경 칠불법기 시방제불
大王 未來世中 流通此經 七佛法器 十方諸佛

상소행도 제악비구 다구명리 어국왕태자왕자
常所行道 諸惡比丘 多求名利 於國王太子王子

전 자설파불법인연 파국인연 기왕불별 신청
前 自說破佛法因緣 破國因緣 其王不別 信聽

차어 횡작법제 불의불계 시위파불파국인연
此語 橫作法制 不依佛戒 是爲破佛破國因緣

당이지시 정법불구
當爾之時 正法不久

이시 십육대국왕 문불칠계소설미래세사 비
爾時 十六大國王 聞佛七誡所說未來世事 悲

제체출 성동삼천 일월오성 이십팔수 실광불현
啼涕出 聲動三千 日月五星 二十八宿 失光不現

시제왕등 각각지심 수지불어 부제사부제자출
時諸王等 各各至心 受持佛語 不制四部弟子出

가행도 당여불교 이시 대중십팔범천왕 육욕제
家行道 當如佛教 爾時 大衆十八梵天王 六欲諸

천자 탄언 당이지시 세간공허 시무불세
天子 歎言 當爾之時 世間空虛 是無佛世

이시 무량대중중 백억보살 미륵사자월등
爾時 無量大衆中 百億菩薩 彌勒師子月等

백억사리불 수보리등 오백억십팔범왕 육욕제
百億舍利弗 須菩提等 五百億十八梵王 六欲諸

천 삼계육도 아수륜왕등 문불소설 호불과인
天 三界六道 阿須輪王等 聞佛所說 護佛果因

연 호국토인연 환희무량 위불작례 수지반야
緣 護國土因緣 歡喜無量 爲佛作禮 受持般若

바라밀
波羅蜜

II
인왕호국경 한글번역본

불설인왕호국반야바라밀경

요진 삼장 구마라집 역

서품 제1

이와 같이 나는 들었다.

한때에 부처님께서 왕사성 기사굴산에 머무시면서 대비구중 팔백만억과 더불어 계셨다. 이들은 학과 무학이고 모두 아라한이며, 유위의 공덕과 무위의 공덕, 무학의 십지와 유학의 팔지와 유학의 육지, 삼근과 십육심행, 법가허실관·수가허실관·명가허실관, 삼공관문과 사제·십이연의 무량한 공덕들을 다 성취하였다.

다시 팔백만억의 대선연각이 있었으니, 단멸하지도 않고 상주하지도 않는 사제·십이연을 다 성취하였다.

다시 구백만억의 보살마하살이 있었으니, 모두 아라한

들로, 실지(實智)의 공덕과 방편지(方便智)의 공덕, 오직 대승을 행함과 사안(四眼)과 오통(五通)과 삼달(三達)과 십력(十力), 사무량심(四無量心)과 사변(四辯)과 사섭(四攝)과 금강멸정(金剛滅定) 등 모든 공덕을 다 성취하였다.

다시 천만억의 오계현자(五戒賢者)가 있었으니, 모두 아라한의 십지를 행하는 자들로, 대승으로 회향하여 오분법신을 구족하였고, 무량한 공덕을 다 성취하였다.

다시 만 명의 오계청신녀(五戒淸信女)가 있었으니, 모두 아라한의 십지를 행하는 자들로, 모두 시생(始生)공덕과 주생(住生)공덕과 종생(終生)공덕을 성취하였으니, 서른 가지 생(生)의 공덕을 다 성취하였다.

다시 십억의 칠현거사(七賢居士)가 있었으니, 덕행을 구족한 자들로, 이십이품(二十二品)과 십일체입(十一切入)과 팔제입(八除入)과 팔해탈(八解脫)과 삼혜(三慧)와 십육제(十六諦)와 사제관(四諦觀)과 사품·삼품·이품·일품의 관과 구십인(九十忍)을 얻었으며, 모든 공덕을 다 성취하였다.

다시 만만억의 구범(九梵)과 삼정(三淨)과 삼광(三光)과 삼범오희락천(三梵五喜樂天)이 있었으니, 천정(天定)과 공덕정(功德定)과 미정(味定)과 상락신통(常樂神通) 등 열여덟 가지 생처(生處)의 공덕을 다 성취하였다.

다시 억억의 육욕천(六欲天)의 모든 천자가 있었으니, 십선의 과보인 신통의 공덕을 다 성취하였다.

다시 열여섯 대국의 왕들이 있었고, 각각 일만·이만 내지는 십만의 권속이 있었으니, 오계(五戒)와 십선(十善)과 삼귀(三歸)의 공덕인 청신행을 구족하였다.

다시 오도(五道)의 일체 중생이 있었고, 다시 타방의 헤아릴 수 없는 대중이 있었다.

다시 변화한 시방의 정토(淨土)와 드러난 백억의 고좌(高座)와 변화한 백억의 수미보화(須彌寶華)가 있었다. 그 각각의 고좌 앞의 꽃 위에 다시 무량한 화불(化佛)이 있고, 무량한 보살과 비구와 팔부대중이 있어서 각각 보배 연꽃에 앉았다. 그 꽃 위에 모두 무량한 국토가 있고 하나하나 국토마다 부처님과 대중들이 지금과 같아서 다름이 없으니, 그 하나하나의 국토에서 한 분 한 분의 부처님과 대중이 각각 반야바라밀을 설하였다.

타방 대중과 변화한 대중과 이 삼계의 대중인 열두 대중들이 모두 모임에 와서 아홉 층의 연화좌에 앉았으니,

그 모임의 사방 넓이가 구백오십 리였고, 대중들은 다 같이 앉아 있었다.

이때에 십호·삼명·대멸제·금강지의 석가모니불께서
　　　　十號 三明 大滅諦 金剛智
초년의 정월 팔일에 반듯이 십지에 앉으시어 대적실삼매
初年　　　　　　　　十地　　　　　　大寂室三昧
에 들어, 연을 사유해서 큰 빛을 놓아 삼계를 비추셨다.
　　　緣
또 정수리에서 천 개의 보배 연꽃을 내시니, 그 꽃은 위로 비상비비상천에 이르렀고 빛도 다시 이러하였으며, 나아가 타방의 항하사처럼 많은 모든 불국토까지 이르렀다.

이때에 무색계에서 무량의 변화한 대향화의 비를 내리
　　　　　　　　　　　　　　　　大香華
니, 수레바퀴 같은 향기와 수미산 같은 꽃들이 구름처럼 내려왔다. 열여덟 범천왕도 온갖 변화한 기이한 빛깔의
　　　　　　　　梵天王
꽃비를 내렸고, 육욕천의 모든 천은 무량한 빛깔의 꽃비
　　　　　　六欲天
를 내렸다.

그 부처님 자리 앞에 자연히 구백만억 층의 꽃들이 생겨나서 위로 비상비비상천에 이르렀다.

이때에 세계의 그 땅은 여섯 가지로 진동하였다.

이때에 모든 대중들이 함께 다 같이 의심이 생겨나 각

기 서로 말하였다.

"사무소외와 십팔불공법과 오안과 법신을 갖추신 대
　　四無所畏　　十八不共法　　五眼　　法身
각세존께서는 전에 이미 우리 대중들을 위해 29년간 『마하반야바라밀경』과 『금강반야바라밀경』과 『천왕문반야바라밀경』과 『광찬반야바라밀경』을 설하셨는데, 오늘 여래께서 대광명을 놓으시니, 이것은 무슨 일인가?"

이때에 열여섯 대국의 왕 중에 사위국 임금 바사닉왕
　　　　　　　　　　　　　　　　舍衛國　　　　波斯匿王
은 월광이라고도 이름하며, 덕행십지인 자로, 육도와 삼
　　月光　　　　　　　　　德行十地　　　　六度　三
십칠품과 사불괴정으로 마하연의 교화를 행하였다. 차례
十七品　　四不壞淨　　摩訶衍
로 거사인 보적과 월개와 법재와 정명 등 팔백 인에게 물
　　居士　寶積　月蓋　法財　淨名
어보았고, 다시 수보리와 사리불 등 오천 인에게 물었으며, 다시 미륵과 사자후 등 일만 인에게 물어보았으나, 답할 수 있는 이가 없었다.

이때에 바사닉왕이 신통력으로 팔만 종의 음악을 연주하고, 십팔 범천과 모든 육욕천 또한 팔만 종의 음악을 연주하여, 그 소리가 삼천 세계와 나아가 시방의 항하사 같은 불토에까지 진동하였으니, 연이 있어서 이것을 나

타낸 것이다.

저 타방의 불국토 가운데 남방의 법재(法才)보살은 오백만억 대중과 함께 이 큰 모임에 와 있었고, 동방의 보주(寶柱)보살은 구백만억 대중과 함께 이 큰 모임에 와 있었으며, 북방의 허공성(虛空性)보살은 백천만억 대중과 함께 이 큰 모임에 와 있었고, 서방의 선주(善住)보살은 10항하사의 대중과 함께 이 큰 모임에 와 있었으며, 육방(六方)도 다시 이와 같았고, 음악을 연주하는 것 또한 그러하였다.

그들은 또한 다시 공동으로 무량한 음악을 연주하여, 여래를 깨어나시게 하였다.

부처님께서 곧 때가 되어 중생의 근기를 얻었음을 아시고 곧 선정에서 일어나시어 비로소 연화사자좌(蓮華師子座) 위에 앉으시니 마치 금강의 수미산과 같았다.

대중들은 기뻐하면서 각기 무량한 신통을 나타내었고, 땅과 허공에 대중들이 머물렀다.

관공품 제2

이때에 부처님께서 대중들에게 말씀하셨다. "열여섯 대국의 왕의 뜻은 국토를 수호하는 인연에 대해 물으려 한 것임을 알겠느니라. 내가 지금 먼저 모든 보살을 위해 불과(佛果)를 수호하는 인연과 십지행(十地行)을 수호하는 인연을 설하겠느니라. 자세히 듣고, 자세히 들으라. 그것을 잘 사유해서 여법하게 수행해야 하느니라."

이때에 바사닉왕이 말하길, "훌륭하십니다. 대사(大事)의 인연이기 때문입니다."라고 하고, 곧 백억 종류 빛깔의 꽃을 뿌리고 백억 개의 보장(寶帳)을 변화해 내어 모든 대중을 덮어 주었다.

이때에 대왕이 다시 일어나서 예를 올리고 부처님께 말하였다. "세존이시여, 모든 보살이 어떻게 불과를 수호하고, 어떤 것이 십지행을 수호하는 인연입니까?"

부처님께서 말씀하셨다. "보살은 사생(四生)을 교화하면서,

색의 여여, 수와 상과 행과 식의 여여, 중생과 아와 인과 상락아정의 여여, 지자와 견자와 수자의 여여, 보살의 여여, 육도와 사섭과 일체행의 여여, 이제의 여여를 관하지 않느니라. 그러므로 모든 법성은 진실한 공이니, 오지도 않고 가지도 않으며, 생함도 없고 멸함도 없으며, 진제와 동등하고 법성과 동등하여, 둘도 없고 다름도 없으니, 마치 허공과 같으니라. 그러므로 음·입·계에는 '아'도 없고 '있는 바의 상'도 없으니, 이것을 보살이 교화를 행하는 십지의 반야바라밀이라 하느니라."

부처님께 아뢰어 말하였다. "만약 제법이 그러하다면, 보살이 중생을 수호하고 교화하는 것이 중생을 교화하는 것이라 할 수 있겠습니까?"

"대왕이여, 법성의 색·수·상·행·식은 상·락·아·정이니, 색에 머물지 않고, '색이 아닌 것(非色)'에 머물지 않으며, '색이 아닌 것도 아닌 것(非非色)'에 머물지 않느니라. 내지는 수·상·행·식에 또한 머무는 것도 아니고 머물지 않는 것도 아니니라. 어째서인가? 색의 여여도 아니고, 색이 아닌 것의 여여도 아니니라. 세속제인 까닭과 삼가인 까닭으로, '중생을 본다(見)'고 하니, 모든 생의 자성은 실재하기 때문이니라. 내지는 제불과 삼승과 칠현과 팔성이 또한 '본다'고 이름하고, 62견을 또한 '본다'고 이름하느니라. 대왕이여, 만약 이름(名)으로써 일체법 내지는 제불과 삼승과 사생을 '본다'고 한다면, 일체법을 보지 않는 것은 아니니라."

부처님께 아뢰어 말하였다. "반야바라밀은 유법입니까, 비비법입니까? 마하연은 어떻게 관조합니까?"

"대왕이여, 마하연은 '비비법'을 보느니라. 법이 만약 비비법이라면, 이것을 '비비법의 공(非非法空)'이라 이름하느니라. 법성이 공하니, 색·수·상·행·식도 공하고 십이입과 십팔계도 공하며 육대법도 공하고 사제와 십이연도 공하니라. 이 법은 곧 생이요 곧 주이면서 곧 멸이니, 곧 유이면서 곧 공이니라. 찰나찰나 또한 이와 같이 법이 생하고 법이 머물며 법이 멸하느니라. 어째서인가. 구십 찰나가 일념이요, 일념 중의 한 찰나가 구백생멸을 거치니, 내지는 색 등의 일체법도 이와 같으니라.

반야바라밀이 공하기 때문에, 연(緣)을 보지 않고, 제(諦) 내지는 일체법의 공을 보지 않느니라. 내공(內空)과 외공(外空)과 내외공(內外空)과 유위공(有爲空)과 무위공(無爲空)과 무시공(無始空)과 성공(性空)과 제일의공(第一義空)과 반야바라밀공(般若波羅蜜空)과 인공(因空)과 불과공(佛果空)과 공공(空空) 때문에 공하느니라. 다만 법이 모이기 때문에 있고, 수(受)가 모이기 때문에 있으며, 명(名)이 모이기 때문에 있느니라. 인(因)이 모이기 때문에 있고, 과(果)가 모이기 때문에 있으며, 십행(十行)이기 때문에 있고, 불과(佛果)이기 때문에 있으며, 내지는 육도(六道)의 일체가 있느니라.

선남자여, 만약 어떤 보살이 법과 중생과 아(我)와 인(人)과 지자(知者)와 견자(見者)를 본다면 이 사람은 세간에서 행하면서 세간과 다르지 않느니라. 제법에서 움직이지 않고 이르지 않으며 멸하지 않고, 상(相)도 없고 무상(無相)도 없으니, 일체법이 또한 여여하고, 모든 불·법·승이 또한 여여하느니라. 이렇다면 초지(初地)의 일념의 마음에 팔만사천 반야바라밀을 구족하니, '재(載)'를 곧 '마하연'이라 하고, '멸(滅)'을 곧 '금강'이라 하고 또한 '정(定)'이라 하며, 또한 '일체행'이라 하느니라. 이는 『광찬반야바라밀경』에서 설한 것과 같으니라.

 대왕이여, 이 경의 명(名)·미(味)·구(句)는 백 불과 천 불과 백천만 불이 설하신 명·미·구이니, 항하사 같은 삼천대천 국토에 무량한 일곱 보배를 이루어 삼천대천 국토의 중생에게 베풀어 모두 칠현(七賢)과 사과(四果)를 얻는다 해도, 이 경에 일념의 믿음을 일으키는 것만은 못하니, 하물며 한 구(句)를 이해하는 자는 어떻겠느냐. 구(句)는 구가 아니고 구가 아닌 것도 아니기 때문에, 반야는 구가 아니고 구는 반야가 아니니라. 반야가 또한 보살인 것도 아니니라. 어째서인가. 십지(十地)의 삼십생(三十生)이 공하기 때문이니라. 시생(始生)과 주생(住生)과 종생(終生)을 얻을 수 없으니, 지(地)와 지 중의 세 가지 생이 공하기 때문이니라. 또한 살바야(薩婆若)도 아니고 마하연(摩訶衍)도 아니니, 공하기 때문이니라.

 대왕이여, 만약 보살이 경계를 보거나 지혜를 보거나 언설하는 자를 보거나 받아들이는 자를 본다면 성인의 봄(聖見)이 아니니라. 전도된 상(倒想)으로 법을 보는 것은 범부이니라. 삼계를 본다는 것은 중생 과보의 이름이니라. 육식(六識)으로 일으킨 무량한 욕(欲)의 무궁함을 일컬어 '욕계장(欲界藏)이 공하다'고 하고, 혹은 색으로 일으킨 바의 업과(業果)를 일컬어 '색계장(色界藏)이 공하다'고 하며, 혹은 마음으로 일으킨 바의 업과를 일컬어 '무색계장(無色界藏)이 공하다'고 하느니라. 삼계가 공하고, 삼계의 근본인 무명장(無明藏) 또한 공하니라. 세 가지 지(地)에 아홉 생멸이 있으니, 앞의 삼계 중에 나머지 무명습기의 과보도 공하니라.

금강보살은 이진삼매(理盡三昧)를 얻은 까닭에, 혹과 과(惑果)는 생멸하므로 공하고, 유과(有果)도 공하니 인(因)이 공하기 때문에 공하니라. 살바야 또한 공하고 멸과(滅果)도 공하니 혹(惑)이 먼저 이미 공하기 때문이요, 부처님이 증득한 삼무위과(三無爲果)인 지연멸(智緣滅)과 비지연멸(非智緣滅)과 허공(虛空)의 살바야과(薩婆若果)도 공하니라.

선남자여, 만약 수습(修習)에서 들음과 설함이 있다 해도 들음도 없고 설함도 없으니, 마치 허공과 같아서, 법은 법성과 동일하고 들음도 동일하며 설함도 동일하여, 일체법이 모두 여여하니라.

대왕이여, 보살은 불과를 닦고 수호하는 것을 이와 같이 하니, 반야바라밀을 수호하는 자는 살바야와 십력(十力)과 십팔불공법(十八不共法)과 오안(五眼)과 오분법신(五分法身)과 사무량심(四無量心) 등 모든 공덕의 과를 수호하기 위해 이와 같이 하느니라."

부처님께서 법을 설해 주셨을 때에 무량한 인천중(人天衆)이 법안(法眼)의 청정함을 얻었고, 성지(性地)와 신지(信地)가 백천 인이 있었으니 모두 대공(大空)과 보살 대행(大行)을 획득하였다.

보살교화품 제3

부처님께 아뢰어 말하였다.

"세존이시여, 십지행(十地行)을 수호하는 보살은 어떤 행을 행하고, 어떤 행으로 중생을 교화하며, 어떤 모습의 중생을 교화합니까?"

부처님께서 말씀하셨다.

"대왕이여, 오인(五忍)이 바로 보살법이니, 복인(伏忍)의 상·중·하, 신인(信忍)의 상·중·하, 순인(順忍)의 상·중·하, 무생인(無生忍)의 상·중·하, 적멸인(寂滅忍)의 상·하를 일컬어 모든 불보살이 반야바라밀을 닦는다고 하느니라.

선남자여, 처음으로 상신(想信)을 발한 항하사의 중생은 복인(伏忍)을 수행하여 삼보(三寶)에 대해 습종성(習種性)의 열 가지 마음, 즉 신심(信心)과 정진심(精進心)과 염심(念心)과 혜심(慧心)과 정심(定心)과 시심(施心)과 계심(戒心)과 호심(護心)과 원심(願心)과 회향심(迴向心)을 생하느니라. 이는 보살이 능히 조금이나마 중생을 교화하는 것이므로 이미 이승의 모든 선지(善地)를 넘어섰으니, 모든 불보살은 열 가지 마음을 키우고 길러서 성스런 모태로 삼느니라.

그 다음에 간혜(乾慧)를 일으킨 성종성(性種性)에게 열 가지 마음이 있느니라. 이른바 네 가지 의지는 신·수·심·법(身受心法)의 부정(不淨)과 고(苦)와 무상(無常)과 무아(無我)이고, 세 가지 의지는 세 가지 선근인 자(慈)와 시(施)와 혜(慧)이며, 세 가지 의지는 이른바 삼세의 과거인인과(過去因忍)과 현재인과인(現在因果忍)과 미래과인(未來果忍)이니라. 이 보살 또한 능히 모든 중생을 교화하며, 이미 능히 아(我)와 인(人)과 아는 자와 보는 자와 중생 등의 상을 벗어났고, 또 외도의 전도된 상으로 무너뜨리지 못하느니라.

다시 열 종류 도종성지(道種性地)가 있으니, 이른바 색과 식과 상(色識想)과 수와 행(受行)을 관하여 계인(戒忍)과 지견인(知見忍)과 정인(定忍)과 혜인(慧忍)과 해탈인(解脫忍)을 얻고, 삼계의 인과를 관하여 공인(空忍)과 무원인(無願忍)과 무상인(無想忍)을 얻느니라. 이제(二諦)의 허와 실(虛實)을 관하니, 일체법이 무상하여 무상인(無常忍)이라 이름하고, 일체법이 공하니 무생인(無生忍)을 얻느니라. 이 보살은 열 가지 견고한 마음으로 전륜왕(轉輪王)이 되어 또한 능히 사천하를 교화하며 모든 중생의 선근을 생기게 하느니라.

또 신인(信忍)의 보살은 이른바 선각(善覺)과 이달(離達)과 명혜(明慧) 중에서 행하는 자로, 삼계의 색번뇌의 속박을 끊고, 능히 백 불(佛)과 천 불과 만 불의 국토에서 교화하며 백 가지 몸과 천 가지 몸과 만 가지 몸의 신통의 무량한 공덕을 나타내느니라. 그는 항상 열다섯 가지 마음을 우선으로 하니, 사(四)섭법(攝法)과 사무량심(四無量心)과 사홍원(四弘願)과 삼해탈문(三解脫門)이니라. 이 보살은 선지(善地)에서 살바야에 이르기까지 이 열다섯 가지 마음을 일체행의 근본 종자로 삼느니라.

또 순인(順忍)의 보살은 이른바 견(見)(염혜지)과 난승(難勝)과 현법(現法)(현전지)인 자로, 능히 삼계의 심(心) 등의 번뇌 속박을 끊기 때문에 하나의 몸을 시방의 불국토에 나타내고 무량한 불가설의 신통으로 중생을 교화하느니라.

또 무생인(無生忍)의 보살은 이른바 원행(遠行)과 부동(不動)과 관혜(觀慧)인 자로, 또한 삼계의 심·색 등의 번뇌 습기를 제거하였기 때문에 불가설 불가설의 공덕의 신통을 나타내느니라.

다시 적멸인(寂滅忍)은 부처님과 보살이 똑같이 이 인을 써서

금강삼매(金剛三昧)에 들어가니, 하품의 인(忍) 중에서 행하는 것을 보살이라 하고, 상품의 인 중에서 행하는 것을 살바야라고 하느니라. 함께 제일의제(第一義諦)를 관하여 삼계의 심습기를 끊으니, 무명의 상이 다하는 것을 '금강'이라 하고, 상이 다함에 상이 없는 것을 '살바야'라고 하느니라. 세제와 제일의제를 넘어선 것은 제11지의 살바야각이니, 유도 아니고 무도 아니며, 맑고 깨끗하며, 상주하며 변치 않고, 진제(眞際)와 동등하고 법성과 동등하니라. 무연(無緣)의 대비(大悲)로 모든 중생을 교화하고, 살바야의 수레를 타고 와서 삼계를 교화하느니라.

선남자여, 모든 중생의 번뇌는 삼계의 장(藏)을 벗어나지 않고, 모든 중생의 과보인 스물두 가지 근(根)도 삼계를 벗어나지 않으며, 제불의 응신(應身)·화신(化身)·법신(法身) 또한 삼계를 벗어나지 않느니라.

삼계의 밖에는 중생이 없으니 부처님은 어디에서 교화하겠는가? 그러므로 나는 말하길, 삼계의 밖에 별도로 하나의 중생계의 장이 있다는 것은 외도의 『대유경(大有經)』에서 설하는 것이지 일곱 부처님이 설하신 것은 아니라고 하였느니라.

대왕이여, 나는 항상 말하길, '모든 중생 중에 삼계의 번뇌를 끊고 과보가 다한 자를 불(佛)이라 이름하고, 자성의 청정함을 각살바야성(覺薩婆若性)이라 이름한다'고 하였느니라.

중생의 본업(本業)이 바로 모든 불보살의 본업이자 본래 수행했던 바이니, 다섯 가지 인(忍) 중에 열네 가지 인이 갖추어져 있느니라."

부처님께 아뢰어 말하였다. "어째서 보살의 본업은 청정하게 중생을 교화하는 것이라 합니까?"

부처님께서 말씀하셨다.

"제1지에서 최후의 한 지에 이르기까지 자기의 소행처(所行處)와 부처님의 행처(行處)를 모두 다 지견하기 때문이니라.

본업(本業)이란, 다음과 같으니라.

보살이 백 불국토에 머물고 있다면 염부제의 사천왕(四天王)이 되어 백 가지 법문을 닦고 이제평등심(二諦平等心)으로 일체 중생을 교화하느니라.

보살이 천 불국토에 머물고 있다면 도리천왕(忉利天王)이 되어 천 가지 법문을 닦고 십선도(十善道)로 일체 중생을 교화하느니라.

보살이 십만 불국토에 머물고 있다면 염천왕(炎天王)이 되어, 십만 가지 법문을 닦고 사선정(四禪定)으로 일체 중생을 교화하느니라.

보살이 백억 불국토에 머물고 있다면 도솔천왕(兜率天王)이 되어 백억 가지 법문을 닦고 도품(道品)을 행함으로써 일체 중생을 교화하느니라.

보살이 천억 불국토에 머물고 있다면 화락천왕(化樂天王)이 되어 천억 가지 법문을 닦고 이제(二諦)와 사제(四諦)와 팔제(八諦)로 일체 중생을 교화하느니라.

보살이 십만억 불국토에 머물고 있다면 타화천왕(他化天王)이 되어 십만억 가지 법문을 닦고 십이인연지(十二因緣智)로 일체 중생을 교화하느니라.

보살이 백만억 불국토에 머물고 있다면 초선왕(初禪王)이 되어 백만억 가지 법문을 닦고 방편지(方便智)와 원지(願智)로 일체 중생을 교화하느니라.

　보살이 백만 미진수의 불국토에 머물고 있다면 제2선(第二禪)의 범왕(梵王)이 되어 백만 미진수의 법문을 닦고 방편지와 신통지(神通智)를 쌍으로 비춤으로써 일체 중생을 교화하느니라.

　보살이 백만억 아승기 미진수의 불국토에 머물고 있다면 제3선(第三禪)의 대범왕(大梵王)이 되어 백만억 아승기 미진수의 법문을 닦고 사무애지(四無礙智)로 일체 중생을 교화하느니라.

　보살이 불가설 불가설의 불국토에 머물고 있다면 제4선(第四禪)의 대정천왕(大靜天王)인 삼계의 주인이 되어 불가설 불가설의 법문을 닦고 이진삼매(理盡三昧)를 얻어 부처님의 행처(行處)를 함께하며 삼계의 근원을 다함으로써 일체 중생을 교화하니, 마치 부처님의 경계와 같으니라.

　그러므로 모든 보살의 본업인 교화의 행이 청정하고, 시방의 모든 여래 또한 이 업을 닦아 살바야의 과에 오르고 삼계의 왕이 되어 모든 무량한 중생을 교화하느니라."

　이때에 백만억 항하사의 대중이 각자 자리에서 일어나

무량하고 불가사의한 꽃을 뿌리고 무량하고 불가사의한 향을 사르며 석가모니불과 무량한 대보살에게 공양하고 합장한 채 바사닉왕이 반야바라밀을 설하는 것을 들었다.

이제 부처님 앞에서 게송으로 찬탄하였다.

세존은 도사이고 금강의 체이니
심행(心行)이 고요하게 법륜을 굴리시네
팔변(八辯)의 홍음(洪音)으로 대중에게 설하시니
이때에 도를 얻은 대중이 백만억이고
이때에 육욕천과 사람이 출가도에 들어
비구중의 보살행을 성취하였네

오인(五忍)의 공덕 설한 묘한 법문을
열네 분의 보살이 확실히 알았으니
삼현과 십성은 인(忍) 중에서 행하고
부처님 한 분만 근원을 다하였네

불·중·법의 바다 같은 삼보장은
佛 衆 法
무량한 공덕을 그 안에 거두었네
십선의 보살은 큰마음을 발하여
삼계의 고륜의 바다 길이 떠나니
중·하품의 십선은 속산왕이고
상품의 십선은 철륜왕이네

습종성은 두 천하의 동륜왕이고
성종성은 세 천하의 은륜왕이며
도종성의 견덕은 전륜왕이니
칠보의 황금빛으로 네 천하를 비추네

복인의 성태는 30인이니
伏 忍   聖 胎
십신과 십지와 십견심이고
삼세의 제불도 이 중에서 행하니
이 복인에서 나지 않음이 없다네

모든 보살행의 본원이기 때문에

발심하고 신심 내기 어렵다지만

신심을 얻으면 반드시 불퇴요

나아가 무생의 초지도에 들어

중생을 교화하며 각(覺) 중에서 행하니

이것을 보살의 초발심이라 하네

선각의 보살은 사천왕이니

이제를 쌍으로 비추는 평등한 도로

중생을 권화하며 백 국토에 노닐며

처음으로 일승의 무상도에 오르네

이치를 깨친 반야를 주(住)라고 하고

주(住)하며 덕행을 생하면 지(地)라고 하니

초주의 한 마음에 덕행을 갖추어

제일의(第一義)에서 움직임이 없다네

이달(離達)의 보살은 도리왕이니

육도의 천 국토에 몸을 나타내

무연과 무상과 제3제에서

무사와 무생과 무이를 비추네
　　無死　　無生　　無二

명혜의 공조는 염천왕이니
明慧　空照

만 국토에 응현하여 중생을 이끌고

인심은 둘 없는 제3제에서
忍心

유를 나와 무에 들어 변화생하네
有　　　無

선각, 이달, 명혜의 세 분 도인은

삼계의 색번뇌를 단멸시키고

다시 삼계의 신·구의 색을 관하여
　　　　　身　口

법성의 제일의를 남김없이 비추네

염혜의 묘광은 대정진이니
炎慧　妙光

도솔천의 왕으로 억 국토에 노닐고

'적정을 반연한 실지(근본지)'와 방편도(후득지)로
　　　　　　實智

무생에 통달하고 공과 유를 비추네

승혜는 삼제에 스스로 통달하고
勝慧   三諦
화락천의 왕으로 백억의 국토에서

공공제를 관하여 두 가지 상 없이
空空諦
육도에서 변화하여 틈 없는 곳에 들어가네

법현의 보살은 자재왕이니
法現
둘 없고 비춤 없이 이공을 통달하고
理空
삼제를 현전시킨 대지광으로
三諦   大智光
천억 국토 비추며 일체를 교화하네

염혜·승혜·법현은 무상정으로
無相定
삼계의 미심혹을 씻어 버리고
迷心惑
공혜의 고요한 무연관으로
空慧   無緣觀
마음의 공함과 무량한 과보를 다시 관하네

원달의 무생은 초선의 왕이니
遠達　無生　初禪

항상 만억 국토에서 중생을 교화하고

보신을 벗지 못한 하나의 생에서
報身　　　　　　　　生

나아가 등관의 법류지에 들어
等觀　法流地

무연의 금강인을 처음 깨닫고
無緣　金剛忍

삼계의 과보 몸 영원히 받지 않으니

제3의를 관하여 무이를 비추며
第三義　　　　　無二

21생(제7지까지의 분단생사)에서 공적행을 일으키네

삼계의 애습이 도정을 따르니
　　　愛習　道定

원달의 보살만이 확실히 요달하네

등관의 보살은 이선의 왕이니
等觀　　　　　二禪

변역생 법신의 무량한 빛을 놓아

백 항하사 국토에 들어가 일체를 교화하고

삼세의 항하사 겁의 일을 두루 비추니

반조하여 낙의 헛됨과 끝없는 흐름을 알아

제3제에서 언제나 고요하다네

혜광(慧光)의 보살은 삼선(三禪)의 왕이니

천 항하사 국토에 일시에 나타나

무위의 공적행에 항상 머물며

항하사의 불장을 일념에 요달하네

관정의 보살은 사선왕이니

억 항하사 국토에서 중생을 교화하고

비로소 금강심에 들어가 일체를 요달하고

29생(生)(제10지까지 30생에서 1생 남음)에서 영원히 벗어나니

적멸인 가운데서 하인(下忍)의 관이고

한번 전환하면 묘각이 항상 고요하네

등관·혜광·관정의 세 품 보살은

이전의 여습인 무명의 연(緣)을 없애니

무명의 습기 상(相)인 옛 번뇌는

이제의 이치를 궁구하여 모두 사라지네

원지의 무상은 삼계의 왕이니
圓智　　無相

30생이 다하여 평등한 대각 이루고

대적의 무위는 금강장 같아

모든 과보가 다하고 무극의 자비만 있네

제일의제에서 항상 안은하나니

근원과 본성을 궁구한 묘지만 있고

삼현과 십성은 과보에 머물지만

부처님 한 분만 정토에 거하시네

모든 중생은 잠시 과보에 머물지만

금강원에 오른 이는 정토에 거한다네
金剛原

여래의 삼업 공덕은 끝이 없으니

지금 월광 나는 삼보에 정례한다네

법왕은 위없으니 사람 중의 큰 나무

무량한 광명으로 대중을 덮어 주고

금구의 항상된 설법은 이익 아닌 것 없고
金口

마음의 지혜는 고요하여 연이 없이 비추네

사람 중의 사자가 대중 위해 설하시니

대중들이 기뻐하며 황금 꽃을 뿌렸네

백억만 국토는 육종(六種)으로 크게 진동하고

중생의 부류마다 묘한 과보 받았네

천존께서 명쾌히 열네 왕을 설하시니

내가 지금 간략히 찬불하였네

이때에 모든 대중은 월광왕(月光王)이 열네 왕의 무량한 공덕장(功德藏)을 찬탄하는 것을 듣고서 큰 법의 이익을 얻었으니, 즉 좌중에 십 항하사의 천왕과 십 항하사의 법왕과 십 항하사의 귀신왕(鬼) 내지는 삼취(三趣)의 중생이 무생법인을 얻었고, 팔부의 아수륜왕은 현재 귀의 몸을 바꿔 천상에서 도를 받았으며, 삼생(三生)에 정위(正位)에 드는 자 혹은 사생(四生), 오생(五生) 내지는 십생(十生)에 정위에 들 수 있는 자가 성인의 종성을 증득하였고 모든 무량한 과보를 얻었다.

부처님께서 도과(道果)를 획득한 모든 실재의 천중에게 알려 주셨다.

"선남자여, 이 월광왕은 이미 과거의 만 겁 동안 용광왕불(龍光王佛)의 법(法) 중에서는 사주보살(四住)이었고, 나는 팔주보살(八住)이었으니, 이제 내 앞에서 대사자후를 토하였느니라. 그러하다, 그러하다. 그대가 말한 것처럼 참된 의미를 얻은 말은 사의(思議)할 수 없고 탁량(度量)할 수 없으며, 오직 부처님과 부처님만이 이런 일을 아시느니라.

선남자여, 그 설한 바의 열네 가지 반야바라밀, 즉 삼인(三忍), 지(地)와 지의 상·중·하 30인(忍)의 모든 행장(行藏)과 모든 불장(佛藏)은 불가사의한 것이니라.

어째서인가?

모든 부처님은 이 중에서 생하고 이 중에서 멸하며 이 중에서 교화하지만, 생함도 없고 멸함도 없으며 교화함도 없느니라. 자기도 없고 남도 없으며 제일의(第一義)에는 둘이 없으니, 교화하는 것도 아니고 교화하지 않는 것도 아니니라. 상(相)도 아니고 무상(無相)도 아니며, 옴도 없고 감도 없으니, 마치 허공과 같기 때문이니라.

모든 중생은 생함도 없고 멸함도 없으며, 얽매임도 풀

려남도 없고, 인도 아니고 과도 아니며 인과가 아닌 것도
아니니라. 번뇌인 아와 인과 아는 자와 보는 자와 받는
자와 아소의 모든 고수의 행이 공하기 때문이니라. 모든
법이 모여 이뤄진 허깨비(幻化) 같은 오음은 합함도 없고
흩어짐도 없으니, 법은 법성과 동일하여 고요한 공이기
때문이니라.

법의 경계는 공하니라. 공과 무상과 부전은 전도가 아
니고 허깨비를 따르는 것도 아니며, 삼보도 없고, 성인
도 없고 육도도 없으니, 마치 허공과 같기 때문이니라.

반야는 안다(知)는 것도 없고 본다(見)는 것도 없으며,
행하는 것도 아니고 연려하는 것도 아니며, 인도 아니고
받는 것도 아니니라. 일체의 비추는 모습을 얻을 수 없기
때문에 도를 행하는 것이니라. 이러한 도를 행하는 모습
이 마치 허공과 같기 때문이니라. 법의 모습이 이와 같으
니 어찌 유심으로 얻을 수 있고 무심으로 얻을 수 있겠는
가.

그래서 반야의 공덕은, 중생 가운데서 행할 수 없음에

도 행하고, 오음의 법 가운데서 행할 수 없음에도 행하며, 경계 가운데서 행할 수 없음에도 행하고, 해(解) 가운데서 행할 수 없음에도 행하는 것이니라.

그러므로 반야는 불가사의하고, 일체의 모든 불보살들은 이 가운데서 행하기 때문에 또한 불가사의하며, 일체의 모든 여래께서 허깨비 같은 무주(無住)의 법 가운데 교화하시는 것 또한 불가사의하느니라.

선남자여, 이 공덕장(功德藏)은, 설사 무량한 항하사의 제13위 관정(灌頂)보살이 이 공덕을 설한다 해도 백천억 분의 일이고, 가령 왕이 설한 것에 비하면 바다의 물 한 방울과 같은 것이니라.

나는 지금 간략하게 일부의 공덕을 설하였으니, 모든 중생에게 큰 이익이 있을 것이니라. 또한 이것은 과거·미래·지금의 무량한 모든 여래께서 말씀하신 바이고, 삼현과 십성이 무량하게 찬탄하는 것이니, 이것이 월광왕의 일부의 공덕이니라.

선남자여, 이 열네 가지 법문은 삼세의 모든 중생과 모든 삼승과 모든 부처님이 닦고 쌓았던 것이고 미래의 제불 또한 이와 같으니라. 모든 불보살이 이 문을 따르지 않고 살바야를 얻는다는 것은 있을 수 없느니라.

어째서인가? 모든 부처님과 보살에게는 다른 길이 없기 때문이니라. 그러므로 모든 선남자들이여, 만약 어떤 사람이 모든 인의 법문 즉 신인(信忍)과 지인(止忍)과 견인(堅忍)과 선각인(善覺忍)과 이달인(離達忍)과 명혜인(明慧忍)과 염혜인(焰慧忍)과 승혜인(勝慧忍)과 법현인(法現忍)과 원달인(遠達忍)과 등각인(等覺忍)과 혜광인(慧光忍)과 관정인(灌頂忍)과 원각인(圓覺忍)에 대해 듣는다면, 이 사람은 백겁 천겁의 무량한 항하사 겁의 생과 생의 고난을 넘어서 이 법문에 들어가 현재 몸으로 과보를 얻을 것이니라."

이때에 모든 대중 가운데 십억의 동명(同名)인 허공장해(虛空藏海)보살은 법락을 기뻐하면서 각각 꽃을 뿌렸고, 허공 중에는 변화한 무량한 화대(華臺) 위에 무량한 대중이 있어서 열네 가지 바른 행을 설해 주었다. 십팔범(十八梵)과 육욕천(六欲天)의 왕도 역시 보배꽃을 뿌리고 각각 허공의 대에 앉아 열네 가지 바른 행을 설하면서 수지하고 독송하며 그 이치를 이해하였고,

무량한 모든 귀신도 현재 몸으로 반야바라밀을 수행하였다.

부처님께서 대왕에게 말씀하셨다.

"그대는 앞서 '어떤 중생의 모습을 교화합니까'라고 말했느니라. 만약 허깨비 몸으로 허깨비를 본다면, 이는 보살이 참된 행으로 중생을 교화하는 것이니라.

중생의 식은 처음 일념의 식도 나무나 돌과는 달라서, 나면서부터 선하거나 나면서부터 악하니, 악은 무량한 악한 식의 근본이고 선은 무량한 선한 식의 근본이니라. 처음의 일념과 금강의 마지막 일념의 그 중간에 불가설 불가설의 식을 생하여 중생의 색과 심을 이루느니라.

중생의 근본인 색을 색개라고 하고, 심을 식개·상개·수개·행개라고 하느니라. '개'란 가리고 덮는 것을 작용으로 삼고, '신'은 적취라고 이름하느니라.

대왕이여, 이 하나의 색법이 무량한 색을 생하니, 눈으로 획득되는 것을 색이라 하고, 귀로 획득되는 것을 성이라 하며, 코로 획득되는 것을 향이라 하고, 혀로 획득되는 것을 미라고 하며, 몸으로 획득되는 것을 촉(觸)이라 하느니라. 단단히 지탱하는 것을 지(地)라고 하고, 수(水)는 적시는 것을 말하고, 화(火)는 뜨거운 것을 말하며, 가볍게 움직이는 것을 풍(風)이라 하고, 오식(五識)을 발생시키는 곳을 근(根)이라 하느니라. 이와 같이 하나의 색과 하나의 심에는 불가사의한 색과 심이 있느니라.

대왕이여, 범부의 육식(六識)은 거칠기 때문에 가명(假名)의 청(靑)·황(黃)과 방(方)·원(圓) 등 무량한 가짜 색법을 얻고, 성인의 육식은 청정하기 때문에 실법(實法)의 색·향·미·촉 등 모든 실재 색법을 얻느니라.

'중생'이란 세제(世諦)의 이름이니라. 유(有)나 무(無)는 다만 중생의 억념(憶念)을 발생시키므로 세제라고 이름하니, 세제는 가짜이고 속이는 것이며 허깨비 같기 때문에 '유'라고 하느니라. 내지는 육도(六道)에 이르기까지 허깨비 중생이 허깨비를 보는 것이니라. 허깨비가 허깨비를 보는 것이니, 바라문(婆羅門)과 찰리(刹利)와 비사(毘舍)와 수다(首陀)와 신아(神我) 등의 색·심을 환제(幻諦)라고 하느니라.

환제의 법은 없는 것이니, 부처님께서 세상에 나시기 전에는 명자(名字)도 없었고 대상의 이름(義名)도 없었느니라. 환법은 허깨비이니, 명자도 없고 체상(體相)도 없으며, 삼계의 명자도 없었고 선악의 과보인 육도의 명자도 없었느니라.

대왕이여, 그러므로 부처님과 부처님이 세상에 출현하시어 중생을 위해 삼계와 육도의 명자를 지어 주셨느니라. 이것을 무량한 명자라고 하니, 가령 '공법(空法)'이라거나 '사대법(四大法)'이라거나 '심법(心法)'이라거나 '색법(色法)'이라 하는 것과 같으니라.

상속가(相續假)의 법은 하나도 아니고 다른 것도 아니니, 하나라고 해도 또한 상속하는 것이 아니고, 다르다고 해도 또한 상속하는 것이 아니니라. 하나도 아니고 다른 것도 아니기 때문에 상속제(相續諦)라고 이름하였느니라.

상대가(相待假)의 법은 일체명상대(一切名相待)라고 하고, 또한 부정상대(不定相待)라고 하니, 가령 다섯 가지 색 등의 법, 유·무 일체 등의 법이니라.

모든 법은 다 연성가로서 중생을 이루느니라. 구시의
　　　　　　　　緣成假
인과, 이시의 인과, 삼세의 선악은 일체가 허깨비이고
바로 환제의 중생이니라.

　　대왕이여, 보살에게는 이상과 같이 보여진 바의 중생
은 허깨비이고 모두 가짜로 속이는 것이며 마치 허공꽃
과 같으니라. 십주보살과 제불은 오안으로 마치 환제와
　　　　　　　　　　　　　　五 眼
같음을 보니, 보살이 중생을 교화하는 것이 이와 같으니
라."

　　이 법을 설하였을 때 무량한 천자와 모든 대중 중에 복
　　　　　　　　　　　　　　　　　　　　　　　　　伏
인을 얻은 자와 공인과 무생인을 얻은 자, 내지는 제1지
忍　　　　　　空忍　無生忍
에서 제10지까지 불가설의 덕행을 얻은 자가 있었다.

이제품 제4

이때에 바사닉왕이 말하였다. "제일의제 중에 세제가 있습니까, 없습니까? 만약 없다고 한다면 지(智)가 둘일 수 없고, 만약 있다고 한다면 지가 하나일 수 없습니다. '하나'와 '둘'의 의미라고 하는 그것은 무엇입니까?"

부처님께서 대왕에게 말씀하셨다.

"그대는 과거 일곱 부처님에게 이미 '하나'의 의미와 '둘'의 의미를 물은 적이 있느니라. 그대는 지금 들은 것이 없고 나도 지금 설한 것이 없으니, 들음도 없고 설함도 없는 것이 곧 '하나'의 의미이자 '둘'의 의미이기 때문이니라. 자세히 듣고 자세히 들으라. 그것을 잘 생각해서 여법하게 수행해야 하느니라.

일곱 부처님의 게송은 다음과 같으니라.

모습 없는 제일의제에는

자기가 지음도 없고 남이 지음도 없으니

인연은 본래 스스로 있는 것이요

자기가 지음도 없고 남이 지음도 없다네

법성은 본래 자성이 없으니

제일의의 공이고 진여이며
第一義

모든 있음은 본래 있는 법이니

세 가지 가가 모인 가유라네
假　　　　假有

무무제는 진실한 무이고
無無諦

적멸한 제일의의 공이며

제법은 인연으로 있으니

유와 무의 뜻이 이와 같다네

유와 무는 본래 둘이니

비유하면 소의 두 뿔과 같고

관조하는 지혜로 둘 아님을 보지만

이제가 항상 즉한 것은 아니라네
二諦

지혜의 마음은 둘 아님을 보니

둘을 찾아도 얻을 수가 없다네
이제를 하나라 말하지 않는데
둘 아님을 어찌 얻을 수 있으리
지혜에서는 언제나 하나이고
진리에서는 언제나 둘이니
이러한 둘 없음을 통달하여
진실로 제일의에 들어감이네

세제는 허깨비처럼 일어나니
비유하면 허공에 나타난 꽃 같고
그림자나 세 번째 손처럼 없지만
인연으로 인하여 거짓으로 있다네
허깨비가 허깨비를 보니
중생을 환제라고 이름하네
환술사는 환법이라 보기에
진실로 모두 다 없는 것이네
이것을 제불의 관이라 하니

보살의 관 또한 그러하다네

대왕이여, 보살마하살은 제일의제 중에서 항상 이제를 비추며 중생을 교화하느니라. 부처님과 중생은 하나이지 둘이 아니니라. 어째서인가. 중생이 공하기 때문에 보리의 공함을 세울 수 있고, 보리가 공하기 때문에 중생의 공함을 세울 수 있느니라. 일체법이 공하기 때문에 공도 공하니라. 어째서인가. 반야는 모습이 없고 이제는 허공과 같으니라. 반야는 공하니, 무명(無明)에서 살바야(薩婆若)에 이르기까지 자상(自相)도 없고 타상(他相)도 없기 때문이니라. 오안(五眼)을 성취했을 때는 보면서도 보는 바가 없고, 행(行)을 또한 받아들이지 않고, '행 아닌 것(不行)' 또한 받아들이지 않으며, '행도 아니고 행 아닌 것도 아닌 것(非行非不行)' 또한 받아들이지 않고, 내지는 일체법을 또한 받아들이지 않느니라. 보살이 아직 성불하지 않았을 때는 보리가 번뇌이지만, 보살이 성불했을 때는 번뇌가 보리이니라. 어째서인가. 제일의제에서 둘이 아니기 때문이고, 제불여래 내지는 일체법이 여여하기 때문이니라."

부처님께 아뢰어 말하였다. "어째서 시방의 모든 여래와 모든 보살은 문자를 떠나지 않고 제법의 상(相)을 행합니까?"

"대왕이여, 법륜(法輪)이란, 법본(法本)이 여여하고 중송(重誦)이 여여하며 수기(受記)가 여여하고 불송게(不誦偈)가 여여하며 무문이자설(無問而自說)이 여여하고 계경(戒經)이 여여하며 비유(譬喩)가 여여하고 법계(法界)가 여여하며 본사(本事)가 여여하고 방광(方廣)이 여여하며 미증유(未曾有)가 여여하고 논의(論議)가 여여하니라. 이 명·미·구(名味句)라는 음성과(音聲果)의 문자 글귀 일체가 여여하니라. 만약 문자를 취하는 자라면 공을 행하지 않는 것이니라.

대왕이여, 여여한 문자로 제불의 지모(智母)를 닦느니라. 모든 중생의 성(性)(불성)인 근본 지모(智母)는 곧 살바야의 체이니라. 제불께서 아직 성불하지 않았을 때는 당래의 불(當佛)을 지모로 삼으니, 아직 증득하지 않았을 때는 '성(性)'이라 하고, 이미 증득했을 때는 '살바야'라고 하느니라.

삼승의 반야는 생하지도 않고 멸하지도 않으며 자성이 상주하니, 모든 중생은 이것을 각성(覺性)으로 삼기 때문이니

라. 보살은 '문자 없음', '문자를 떠남', '문자가 아닌 것도 아님'이라 하는 것을 받아들이지 않으니, 닦으면서도 닦음이 없는 것을 '문자를 닦음'으로 삼는 자는 반야의 진성(眞性)인 반야바라밀을 얻은 것이니라.

대왕이여, 보살이라면 부처님을 수호하고 중생의 교화를 수호하며 십지행을 수호하는 것을 이와 같이 하느니라."

부처님께 아뢰어 말하였다. "무량한 품류의 중생은 근(根)도 무량하고 행(行)도 무량한데, 법문은 하나입니까, 둘입니까, 무량합니까?"

"대왕이여, 일체법의 관문은 하나도 아니고 둘도 아니며, 나아가 무량한 법이 있느니라. 일체법은 또한 유상(有相)도 아니고, 무상이 아닌 것(非無相)도 아니니라. 보살이 중생을 봄에 하나라고 보고 둘이라 본다면, 곧 하나라고 보지도 않고 둘이라 보지도 않은 것이니, 하나이자 둘임이 바로 제일의제이니라.

대왕이여, 유(有)나 무(無)는 곧 세제이니라. 삼제(三諦)가 일체법을

포괄하니, 공제와 색제와 심제이니라. 따라서 나는 일체
법이 삼제를 벗어나지 않는다고 설했느니라.

아와 인과 아는 자와 보는 자와 오수음이 공하고 내지
는 일체법이 공하니라.

중생의 품마다 근과 행이 같지 않기 때문에 하나도 아
니고 둘도 아닌 법문이니라.

대왕이여, 일곱 부처님께서 마하반야바라밀을 설하셨
고, 내가 지금 반야바라밀을 설하였으니, 그것은 둘이
없고 다름도 없느니라. 그대 대중들은 마땅히 수지하고
독송하며 해설해야 하느니라. 이 경의 공덕으로, 무량한
불가설 불가설의 제불이 있고, 한 분 한 분의 부처님이
무량한 불가설의 중생을 교화하여 하나하나 중생이 다
성불을 얻고, 이 부처님이 다시 무량한 불가설의 중생을
교화하여 다 성불을 얻느니라. 이상의 세 부처님이 반야
바라밀경의 팔만억 게를 설하셨으니, 이 하나의 게를 다
시 천분으로 나누어 그 1분 중에 1분의 구의를 설하는 것
도 다 끝마칠 수가 없는데, 하물며 다시 이 경에 대해 한

생각의 믿음을 일으켜 이 모든 중생이 백겁 천겁의 십지(十地) 등을 뛰어넘는 공덕은 어떻겠으며, 하물며 수지하고 독송하고 해설하는 자의 공덕은 어떻겠는가. 곧 시방의 제불과 동등하여 차이가 없으니, 이 사람이 곧 여래이고 머지않아 부처가 될 것임을 알아야 하느니라."

이때에 모든 대중은 이 경을 설하는 것을 듣고서, 십억 인이 삼공인(三空忍)을 얻었고, 백만억 인이 대공인(大空忍)과 십지성(十地性)을 얻었다.

"대왕이여, 이 경을 '인왕문반야바라밀경(仁王問般若波羅蜜經)'이라 이름하니, 그대들은 반야바라밀경을 수지해야 하느니라. 이 경에는 다시 무량한 공덕이 있으니, 국토를 수호하는 공덕이고, 또한 모든 국왕의 법약(法藥)으로 복행(服行)해서 크게 쓰이지 않음이 없는 공덕이며, 집을 수호하는 공덕이고, 또한 모든 중생의 몸을 수호하는 공덕이니라. 곧 이 반야바라밀이 국토를 수호하는 것은 마치 성의 참호와 성벽과 칼과 창·방패와 같은 것이니, 그대가 마땅히 반야바라밀을 수지하는 것이 또한 다시 이와 같으니라."

호국품 제5

이때에 부처님께서 대왕에게 말씀하셨다.

"그대들은 잘 들으라. 내가 지금 국토를 수호하는 법식(法式)에 대해 바로 설할 것이니, 그대들은 반야바라밀을 수지해야 하느니라.

국토가 어지러워지고 파괴되며 빼앗기고 불태워지거나 도적이 와서 나라를 무너뜨리려 할 때에, 백 개의 불상과 백 개의 보살상과 백 개의 아라한상에 청해야 하고, 백 명의 비구중과 사대중과 칠중이 함께 듣되, 백 명의 법사에게 청하여 반야바라밀을 읽어야 하느니라. 백 개의 사자후의 고좌 앞에 백 개의 등을 켜고 백 가지 조화로운 향을 사르며 백 가지 빛깔의 꽃을 놓고 그것으로써 삼보를 공양하고, 삼의(三衣)와 집물(什物)로 법사를 공양하며, 소반(小飯)과 중식(中食)도 또한 때에 맞게 해야 하느니라.

대왕이여, 하루에 두 때에 경을 읽어야 하느니라. 그

대의 국토 중에 백 부의 귀신이 있고, 이 하나하나의 부류마다 다시 백 부가 있어서, 즐겁게 이 경을 듣고서 이 모든 귀신이 그대의 국토를 수호할 것이니라.

대왕이여, 국토가 어지러울 때는 먼저 귀신이 어지러워지고 귀신이 어지러워지기 때문에 모든 백성이 어지러워지니, 외적이 와서 나라를 빼앗고 백성들이 죽으며, 신하와 임금과 태자와 왕자와 백관(百官)이 함께 시비를 일으킬 것이니라. 천지가 괴이해지고, 28수(宿)의 별과 해와 달도 때(時)를 잃고 도(度)를 잃게 되니, 도적이 많이 일어나느니라.

대왕이여, 불의 재난이나 물의 재난이나 바람의 재난 등 모든 재난에도 또한 이 경을 읽어야 하니, 법식은 앞에서 설한 대로 해야 하느니라.

대왕이여, 나라를 수호할 뿐만 아니라 또한 복을 수호하기도 하느니라. 부와 귀한 벼슬자리와 칠보여의(七寶如意)와 행래(行來)의 평온을 구하거나, 아들(男)·딸(女)을 구하거나, 지혜와 명성을 구하거나, 육천(六天)의 과보와 사람 중의 구품(九品)과

보의 즐거움을 구하는 데도 또한 이 경을 읽어야 하니, 법식은 앞에서 설한 대로 해야 하느니라.

　대왕이여, 복을 수호할 뿐만 아니라 또한 온갖 고난에서 수호해 주기도 하느니라. 질병으로 고난을 겪고, 쇠고랑과 형틀에 그 몸이 묶이며, 네 가지 중죄를 저지르고, 오역의 인(因)을 지으며, 팔난의 죄를 짓고, 육도의 일을 행하는, 이 모든 무량한 고난에도 또한 이 경을 읽어야 하니, 법식은 앞에서 설한 대로 해야 하느니라.

　대왕이여, 옛날에 석제환인(釋提桓因)이라는 왕이 있었느니라. 정생왕(頂生王)이 천(天)에 올라와서 그 나라를 멸하려고 하였기에, 이때에 제석천왕(帝釋天王)이 곧 일곱 부처님의 법식대로 백 개의 고좌를 펼쳐 놓고 백 명의 법사에게 청하여 반야바라밀을 강독하자 정생왕이 곧 물러갔으니, 『멸죄경(滅罪經)』에서 설한 것과 같으니라.

　대왕이여, 옛날에 천라국(天羅國)의 왕이 있었느니라. 그에게 태자가 한 명 있어 왕위에 오르고자 하였는데, 일명 '반족(班足)'이라 하였느니라. 태자는 외도 라타(羅陀) 스승에게서 「천 개의 왕의 머리를 취해서 가신(家神)에게 제물로 바쳐야만 스스로 그 왕위에 오를 수 있다」는 가르침을 받았느니라. 이미 구백구십구 명의 왕을 잡았고, 한 명의 왕이 부족했으므로 곧 북쪽으로 만 리를 가서 '보명왕(普明王)'이라는 한 명의 왕을 잡았느니라.

그 보명왕은 반족왕에게 말했느니라.「원컨대 하루만 기다려 주십시오. 사문에게 식사를 바치고 삼보에 정례(頂禮)하려고 합니다.」반족왕이 하루를 허가해주었느니라. 이때에 보명왕은 곧 과거 일곱 부처님의 법식에 의거해 백 명의 법사에게 청하여 백 개의 고좌를 펼쳐 놓고 하루에 두 때 반야바라밀의 팔천억 게송을 다 읽었느니라.

첫 번째 법사가 보명왕을 위해 게송을 설하였느니라.

겁의 불이 끝에 이르면

하늘과 땅이 불타 버리고

수미산과 큰 바다마저도

모두 다 잿더미가 되나니

천과 용도 복이 다하여

이 가운데 시들어 죽어 가고

하늘과 땅도 사라지건만

나라가 어찌 영원하리오

태어나고 늙고 병들고 죽는

수레바퀴 끝없이 굴러 가는데

일은 바람과 어긋나나니

근심과 슬픔은 해가 되리라

탐욕이 깊으면 재앙도 무거워

종기나 혹과 같이 다른 것 아니고

삼계가 모두 고통이거늘

나라에 무슨 기댈 바 있으리오

있는 것은 본래 없는 것이고

인연으로 모든 것이 이루어지니

성한 것은 반드시 쇠하게 되고
실한 것은 반드시 허해진다네

중생들은 꿈틀대며 일어나지만
모두가 환처럼 머물 뿐이고
소리와 메아리처럼 모두 공하니
나라의 땅 또한 이와 같다네

마음은 형체가 없으나
임시로 사대(四蛇)의 몸을 타고
　　　　四大
무명을 키워 가면서
즐거움의 수레로 여기고 있네

형체에 영원한 주인이 없고
마음에 영원한 집이 없으니
형체와 마음도 갈라서거늘
어찌 나라가 있을 것인가

이때에 법사가 이 게송을 설하고 나자, 당시 보명왕의 권속들이 법안(法眼)의 공(空)을 증득하였느니라. 보명왕 스스로는 허공정(虛空定) 등의 선정을 증득하여 법을 듣고 깨치고는 다시 천라국(天羅國) 반족왕의 처소로 돌아가서, 대중 가운데서 구백구십구 명의 왕들에게 알려주며 말했느니라.「목숨이 다할 때가 되면, 사람들마다 모두 과거 일곱 부처님의 『인왕문반야바라밀경』의 게송 구절을 독송해야 합니다.」

이때에 반족왕이 모든 왕에게 물었느니라.「모두 어떤 교법을 독송하는가?」

이때에 보명왕이 곧 위의 게송으로 반족왕에게 대답하니, 반족왕은 이 설법을 듣고 공삼매(空三昧)를 얻었고, 구백구십구 명의 왕 또한 이 설법을 듣고 나서 모두 삼공문(三空門)의 선정을 얻었느니라.

이때에 반족왕은 매우 크게 기뻐하면서 모든 왕에게 고하였느니라.「내가 외도의 삿된 스승으로 인해 잘못되었던 것이지, 그대들의 잘못은 아니오. 그대들은 본국으로 돌아가도 되오. 각기 법사에게 청하여 반야바라밀의

명·미·구를 읽으시오.」
名 味 句

이때에 반족왕은 나라를 아우에게 맡기고 출가하여 도를 닦아 무생법인을 증득하였느니라.
無 生 法 忍

『시왕지』에서 '오천 명의 국왕이 항상 이 경을 독송하
十 王 地
여 현세의 과보와 내생의 과보를 얻었다'고 설한 것과 같으니라.

대왕이여, 열여섯 대국의 왕이 호국의 법을 닦으면서 법식을 마땅히 이와 같이 해야 하니, 그대들은 받들어 수지해야 하느니라.

천상과 인간 가운데 육도 중생은 모두 일곱 부처님의 명·미·구를 수지해야 하고, 미래세에 무량한 소국의 왕도 국토를 수호하고자 하면 또한 다시 이와 같이 해야 하니, 마땅히 법사에게 청하여 반야바라밀을 설해야 하느니라."

이때에 석가모니불께서 반야바라밀을 설하시자, 당시 대중 가운데 오백억 사람들이 초지에 들었고, 다시 육욕
初 地
천의 모든 천자 팔십만 인이 성공지를 얻었으며, 다시 열
性 空 地

여덟 범왕이 무생인(無生忍)을 얻고 무생법락인(無生法樂忍)을 얻었으며, 다시 이전에 보살을 수학했던 자가 제1지와 제2지와 제3지 내지는 제10지를 증득하였다. 다시 팔부의 아수륜왕이 열 가지 삼매의 문을 얻었고 두 가지 삼매의 문을 얻었으며, 귀신의 몸을 바꿔서 천상(天上)의 정수(正受)를 얻었고, 이 모임에 있던 자는 모두 자성신(自性信) 내지는 무량공신(無量空信)을 얻었다.

"내가 지금 간략하게 천(天) 등의 공덕을 설하였으니, 모두 다 설할 수가 없느니라."

산화품 제6

이때에 열여섯 대국의 왕이 부처님께서 십만억 게송의 반야바라밀을 설하시는 것을 듣고 나서 기쁨이 무량하여, 곧 백만억의 행화(行華)를 뿌리자, 그것이 허공에서 하나의 자리로 변하였고, 시방의 제불께서 함께 이 자리에 앉으시어 반야바라밀을 설해 주셨다. 무량한 대중도 함께 한자리에 앉아 금라화(金羅華)를 쥐고 있다가 석가모니불 위로 뿌리니, 만륜화(萬輪華)를 이루어 대중을 덮어 주었다.

다시 팔만사천의 반야바라밀화(般若波羅蜜華)를 허공에 뿌리자, 그것이 백운대(白雲臺)로 변하였고, 그 대 안에서 광명왕불(光明王佛)께서 무량한 대중과 함께 반야바라밀을 설하셨고, 그 대 안에서 대중은 뇌후화(雷吼華)를 쥐고서 석가모니불과 모든 대중에게 뿌렸다.

다시 묘각화(妙覺華)를 허공에 뿌리자, 그것이 금강성(金剛城)으로 변하였고, 그 성 안에서 사자후왕불(師子吼王佛)께서 시방의 부처님과 대보살과 함께 제일의제(第一義諦)를 논하셨다.

이때에 성 안에서 보살들이 광명화(光明華)를 쥐고서 석가모니불 위로 뿌리자 일화대(一華臺)를 이루었고, 그 대 안의 시방의 부처님과 모든 천이 천화(天華)를 석가모니불 위로 뿌렸으니, 그것이 허공에서 자운개(紫雲蓋)를 이루어 삼천대천세계를 덮어 주었으며, 그 덮개 안의 천·인이 항하사 같은 꽃을 뿌리자 그것이 구름처럼 내려왔다.

이때에 모든 국왕은 꽃을 뿌리는 공양을 하고 나서, 과거불과 현재불과 미래불께서 항상 반야바라밀을 설해 주시기를 서원하였고, 모든 수지하는 자인 비구와 비구니와 청신남과 청신녀가 원하는 바대로 항상 반야바라밀을 행하기를 서원하였다.

부처님께서 대왕에게 말씀하셨다. "그러하다. 그러하다. 왕이 말한 것처럼 반야바라밀을 설해야 하고 수지해야 하느니라. 이는 모든 부처님의 어머니이고 모든 보살의 어머니이며 신통의 생처(生處)이니라."

이때에 부처님께서 왕을 위해 다섯 가지 부사의한 신(神)

변을 나타내셨다. 하나의 꽃이 무량한 꽃에 들어가고 무량한 꽃이 하나의 꽃에 들어가며, 하나의 불토(佛土)가 무량한 불토에 들어가고 무량한 불토가 하나의 불토에 들어가며, 무량한 불토가 하나의 털구멍만한 국토에 들어가고 하나의 털구멍만한 국토가 무량한 털구멍만한 국토에 들어가며, 무량한 수미산과 무량한 큰 바다가 겨자씨 가운데 들어가고, 한 부처님 몸이 무량한 중생 몸에 들어가고 무량한 중생 몸이 한 부처님 몸에 들어가며, 육도의 몸에 들어가고 지·수·화·풍의 몸에 들어가니, 부처님 몸은 불가사의하고 중생 몸도 불가사의하며 세계도 불가사의하였다.

부처님께서 신족통(神足通)을 나타내셨을 때 시방의 모든 천·인이 불화삼매(佛華三昧)를 얻었고, 십 항하사의 보살이 현재 몸으로 성불했으며, 삼 항하사의 팔부의 왕이 보살도를 이루었고, 만 명의 여인이 현재 몸으로 신통삼매(神通三昧)를 얻었다.

"선남자여, 이 반야바라밀에는 삼세의 이익이 있으니, 과거에 이미 설했었고 현재도 지금 설하고 있으며,

미래에도 설할 것이니라. 자세히 듣고 자세히 들으라. 그것을 잘 사유해서 여법하게 수행하라."

수지품 제7

이때에 월광왕이 마음속으로 생각하여 말하였다.「석가모니불을 보니 무량한 신통력을 나타내시고, 또한 천 개의 화대(華臺) 위의 보만불(寶滿佛)을 보니 모든 불화신(佛化身)의 주인이시며, 다시 천 개의 꽃잎 세계 위의 부처님을 보니 그 안에서 제불이 각기 반야바라밀을 설하셨다.」

부처님께 아뢰어 말하였다. "이와 같이 무량한 반야바라밀은 말해질 수 없고 이해될 수도 없으며 식(識)으로도 알 수 없는데, 어떻게 모든 선남자가 이 경에서 명료하게 깨달아 알고 여법하게 일체 중생을 위해 공법(空法)의 도(道)를 열어 줄 수 있습니까?"

대모니께서 말씀하셨다.

"열세 가지 관문(觀門)을 수행하는 모든 선남자는 대법왕(大法王)이고, 습인(習忍)에서 금강정(金剛頂)까지 모두 법사(法師)가 되어, 의지처가 되어 주고 섭지해 주며 정법을 건립하느니라. 그대 대중들은 부처님께 공양하듯 그들을 공양해야 하고, 백만억의 천화(天華)와 천향(天香)을 가지고 받들어야 하느니라.

선남자여, 그 법사란 다음과 같으니라.

습종성(習種性)의 보살로, 재가인 바차와 우바차, 출가한 비구와 비구니라면, 십선(十善)을 수행하고, 스스로 자기 몸의 지(地)와 수(水)와 화(火)와 풍(風)과 공(空)과 식(識)이 각기 깨끗하지 않음을 관하며, 다시 열네 가지 근(根) 이른바 오정근(五情根)과 오수근(五受根)과 남근(男根)과 여근(女根)과 의근(意根)과 명근(命根) 등에 무량한 죄과가 있음을 관하기 때문에 곧 무상보리심을 발하게 되느니라. 그는 항상 삼계의 일체가 순간순간 다 깨끗하지 않음을 닦기 때문에 부정인(不淨忍)의 관문을 얻고, 불가(佛家)에 머물면서 여섯 가지 화경(和敬), 이른바 삼업(三業)과 동일한 계(戒)와 동일한 견(見)과 동일한 학(學)을 닦으며 팔만사천 바라밀의 도를 행하느니라.

선남자여, 습인(習忍) 이전에 십선을 수행하는 보살은 물러남도 있고 나아감도 있으니, 비유하면 가벼운 털이 바람을 따라 동서로 날리듯이, 이 모든 보살도 이와 같아 비록 만 겁 동안 십정도(十正道)를 행하고 삼보리심을 발하여 습인의 지위에 들어가 또한 항상 세 가지 복인(伏忍)의 법을 배울 테지만, 습종성이라는 이름을 붙일 수 없으니, 이를 '종성이 결정되지 않은 사람'이라 하느니라.

'종성이 결정된 사람'은 생공(生空)의 지위에 들어간 성인의 종성이기 때문에 결코 오역죄와 여섯 가지 중죄(重罪)와 스물여덟 가지 경죄(輕罪)를 일으키지 않고, 불법(佛法)과 경서(經書)에 대해 반역죄를 짓거나 불설(佛說)이 아니라고 말하는 이런 일은 있을 수 없느니라. 그는 능히 1아승기겁 동안 복도(伏道)의 인행(忍行)을 닦아 비로소 승가타(僧伽陀)의 지위에 들 수 있느니라.

다시 성종성(性種性)은 열 가지 혜관(慧觀)을 행하여 열 가지 전도(顚倒)를 멸하느니라. 또 아(我)와 인(人)과 아는 자와 보는 자란 각기 모두 가짜이니, 명가(名假)만 있고 수가(受假)만 있으며 법가(法假)만 있을 뿐 얻을 수가 없느니라. 결정된 상이 없으니, 자상(自相)도 타상(他相)도 없기 때문에 공관(空觀)을 닦아서 지키느니라. 또한 항상 백만의 바라밀을 행하면서 순간순간 마음을 떠나지 않으며, 2아승기겁 동안 정도(正道)의 법을 행하여 바라타(波羅陀)의 지위에 머무느니라.

다시 도종성(道種性)은 견인(堅忍)에 머물면서 일체법이 생함도 없고 머묾도 없으며 멸함도 없음을 관하느니라. 이른바 오수(五受)와 삼계(三界)와 이제(二諦)에는 자상(自相)도 타상(他相)도 없고 여실한 성품을 얻을 수 없기 때문이니라. 항상 제일의제(第一義諦)를 깨달아 들어가 마음과 마음이 적멸하지만 삼계에서 생을 받느니라. 어째서인가. 업습기의 과보를 아직 다 무너뜨리지 않았기 때문에 도(道)에 수순해서 태어나느니라. 다시 3아승기겁 동안 팔만억의 바라밀을 닦아 마땅히 평등성인지(平等聖人地)를 얻기 때문에 아비발치(阿毘跋致)의 정위(正位)에 머무느니라.

다시 선각마하살(善覺摩訶薩)은 평등인(平等忍)에 머물고 사섭법(四攝法)을 수행하면서 순간순간 마음을 떠나지 않고, 무상의 사관(無相 捨觀)에 들어가 삼계의 탐번뇌를 멸하느니라. 제일의제(第一義諦)에서 둘 아님을 일컬어 법성무위(法性無爲)라고 하고, 이치를 반연하여 모든 상을 멸한 것이므로 지연멸의 무상무위(智緣滅 無相無爲)라고 하며, 최초의 인(忍)에 머물 때 미래의 무량한 생사가 지연(智緣)에 말미암지 않고 멸하였으므로 비지연멸(非智緣滅)의 무상무위라고 하니, 자상(自相)도 타상(他相)도 없고 무상(無相)도 없기 때문이니라.

그는 무량한 방편으로 관(觀)을 다 현전시키느니라. 실상(實相)방편이란 제일의제에서 가라앉지도 않고 벗어나지도 않으며 옮겨 가지도 않고 전도되지도 않는 것이니라. 변학(遍學)방편(方便)이란 증득하지도 않고 증득하지 않은 것도 아니면서 일체를 배우는 것이니라. 회향방편(迴向方便)이란 과(果)에 머물지도 않고 과에 머물지 않는 것도 아니면서 살바야를 향하는 것이니라. 마자재방편(魔自在方便)이란 그릇된 도에서 불도를 행하면서도 네 가지 마(魔)로 동요되지 않는 것이니라. 일승방편(一乘方便)이란 둘 아닌 모습에서 중생의 일체행에 통달하기 때문이니라. 변화방편(變化方便)이란 원력으로 자재하게 모든 청정한 불국토에 태어나는 것이니라.

　이와 같이 선남자여, 이 최초의 각지(覺智)는 유·무의 상에서 둘이 아니니, 이는 실지(實智)의 비춤이니라. 공용(功用)에서는 증득하지도 않고 가라앉지도 않으며 벗어나지도 않고 이르지도 않으니, 이것이 방편관(方便觀)이니라. 비유하면 물과 파랑이 하나도 아니고 다르지도 않은 것처럼, 내지는 일체행의 바라밀과 선정과 다라니도 '하나도 아니고 둘도 아니기' 때문에 하나하나의 행이 성취되느니라.

그는 4아승기겁 동안의 행을 행하였기 때문에 이 공덕장(功德藏)의 문에 들어가느니라. 삼계의 업습기가 생하지 않기 때문에 옛것을 끝내고 새것을 짓지 않고, 원력 때문에 모든 정토에서 변화로 태어나느니라. 항상 사관(捨觀)을 닦기 때문에 구마라가(鳩摩羅伽)의 지위에 올라 네 가지 대보장(大寶藏)을 항상 사람들에게 나누어 주느니라.

다시 덕혜보살(德慧菩薩)은 사무량심(四無量心)으로 삼유(三有)의 진(瞋) 등의 번뇌를 멸하니, 중품의 인(忍)에 머물면서 일체 공덕을 행하였기 때문이니라. 그는 5아승기겁 동안 대자관(大慈觀)을 행하여 마음마다 항상 현전해 있고, 무상(無相)의 사타바라(闍陀波羅)의 지위에 들어가 일체 중생을 교화하느니라.

다시 명혜도인(明慧道人)은 항상 무상인(無相忍) 중에서 삼명관(三明觀)을 수행함으로써 삼세의 법이 옴도 없고 감도 없으며 머무는 곳도 없음을 알아 마음과 마음이 적멸하느니라. 그는 삼계의 치(癡) 번뇌를 다 없앴으니, 삼명(三明)의 모든 공덕의 관을 얻었기 때문이니라. 항상 6아승기겁 동안 무량한 명(明)바라밀을 쌓

앉기 때문에 가라타(伽羅陀)의 지위에 들어 무상행(無相行)으로 일체법을 수지하느니라.

다시 이염(爾焰)의 성각달보살(聖覺達菩薩)은 순법인(順法忍)을 수행해서 오견(五見)의 흐름을 거슬러서 무량한 공덕을 쌓아 수다원(須陀洹)의 지위에 머무느니라. 그는 항상 천안통과 천이통과 숙명통과 타심통과 신통달로써 순간순간 삼계의 모든 견(見)을 멸하느니라. 또한 7아승기겁 동안 오신통과 항하사 같은 바라밀을 수행하여 항상 마음을 떠나지 않느니라.

다시 승달보살(勝達菩薩)은 순도인(順道忍)에 머물면서 사무외(四無畏)로 나유타(那由他)제(諦)와 내도론(內道論)과 외도론(外道論)과 약방(藥方)과 공교(工巧)와 주술(呪術)을 관하기 때문에 '나는 일체지인(一切智人)이다'라고 하고, 삼계의 의(疑) 등의 번뇌를 멸하였기 때문에 '아상(我相)이 이미 다하였다'라고 하며, 지(地)와 지마다 벗어나는 곳이 있음을 알기 때문에 '출도(出道)'라고 이름하고, 벗어나지 못한 곳이 있음을 알기 때문에 '장도(障道)'라고 이름하느니라. 그는 삼계의 '의(疑)'를 거슬러 무량한 공덕을 수습하였기 때문에 곧 사다함(斯陀含)의 지위에 들어가느니라. 다시 행을 쌓으며 8아승기겁 동안

모든 다라니문을 행하였기 때문에 항상 무외관을 행하여
　　　陀羅尼門　　　　　　　　　　　　　無畏觀
마음을 떠나지 않느니라.

　다시 상현진실은 순인에 머물면서 중도관을 지으니,
　　　常現眞實　順忍　　　　　　中道觀
삼계에서 인을 쌓고 업을 쌓는 모든 번뇌를 다하였기 때
　　　　　因　　　業
문이니라. '유도 아니고 무도 아니며 일상이 무상이라서
　　　　　　　　　　　　　　　　一相　　無相
둘이 없음'을 관하였기 때문에 아나함의 지위를 증득하
　　　　　　　　　　　　　　　阿那含
느니라. 다시 9아승기겁 동안 쌓아 중도를 비추고 밝혔
기 때문에 낙의 힘으로 모든 불국토에 태어나느니라.
　　　　　樂

　다시 현달보살은 10아승기겁 동안 무생인과 법락인을
　　　玄達菩薩　　　　　　　　　無生忍　法樂忍
닦은 자로 박인이라 하니, 모든 도에 수순하여 태어나 하
　　　　　縛忍
나의 심인 중에 삼계의 습인의 업과를 멸하고, 최후의 몸
　　　心忍　　　　　　習因　業果
에 머물면서 무량한 공덕을 모두 성취하며, 무생지와 진
　　　　　　　　　　　　　　　　　　　　無生智　盡
지와 오분법신을 모두 충족하느니라. 제10지의 아라한
智　　五分法身
의 법천위에 머물며, 항상 삼공문관을 행하면서 백천만
　　梵天位　　　　　　　三空門觀
삼매를 구족하고, 법장으로 널리 교화하느니라.
　　　　　　　　法藏

　다시 등각자는 무생인에 머물면서 마음과 마음의 적멸
　　　等覺者
함을 관하여, 상이 없이 상을 나타내고, 몸이 없이 몸을
　　　　　　相

쓰며, 앎이 없이 아느니라. 마음을 다해 온갖 방위로 실어 주고, 평온하게 무주(無住)의 주(住)에 머물며, 유(有)에 있으면서도 항상 공(空)을 닦고, 공에 처하면서도 항상 온갖 것을 교화하니, 일체법을 쌍으로 비추기 때문이니라. 그는 시처비시처(是處非是處) 내지는 일체지(一切智)의 십력관(十力觀)을 알기 때문에 마하라가(摩訶羅伽)의 지위에 올라 모든 국토의 중생을 교화하느니라. 천 아승기겁 동안 십력의 법을 행하면서 마음과 마음이 상응하여 항상 견불삼매(見佛三昧)에 들어가느니라.

다시 혜광·신변자(慧光神變者)는 상상품(上上品)의 무생인(無生忍)에 머물며, 마음과 마음의 상을 없애고, 법안(法眼)으로 일체법을 보며, 청정한 세 가지 눈으로 색의 공함을 보고, 큰 원력으로 항상 일체의 정토에 태어나느니라. 그는 만 아승기겁 동안 무량한 불광삼매(佛光三昧)를 쌓아 능히 백만 항하사의 제불의 신통력을 나타내고, 바가범(佛)의 지위에 머물면서 또한 항상 불화삼매(華三昧)에 들어가느니라.

다시 관불보살(觀佛菩薩)은 적멸인(寂滅忍)에 머무는 자로, 처음 발심했을 때부터 지금까지 백만 아승기겁을 거치며 백만 아승

기겁의 공덕을 닦았기 때문에 일체법해탈에 올라 금강대
　　　　　　　　　　　　　一切法解脫　　　金剛臺
에 머무느니라.

　선남자여, 습인에서 정삼매까지는 모두 일체 번뇌를
　　　　　　習忍　　頂三昧
'조복한다'고 이름하고, 무상신으로 일체 번뇌를 멸하고
　　　　　　　　　　無相信
해탈지가 생겨나 제일의제를 비추지만, 그것을 '견'이라
解脫智　　　　　　　　　　　　　　　　　見
이름하지 않으니, 이른바 '견'이란 '살바야'이니라. 그
러므로 나는 예전부터 항상 '오직 부처님만이 아시고(知)
보고(見) 깨달으신(覺) 바'라고 설하였으니, 정삼매 이
하로 습인까지는 알지도 못하고 보지도 못하며 깨닫지도
못하느니라. 오직 부처님만 단박에 이해하시니, 그것을
'믿음'이라 하거나 '점차로 조복한 것'이라 이름하지 않
느니라. 혜가 일어났다 사라지기는 해도 능히 생함도 없
　　　　慧
고 멸함도 없음을 아니, 이 마음이 멸하면 곧 누가 멸하
　　　　　　　　　　　　　　　　　　　　　累
지 않음이 없으므로 생함도 없고 멸함도 없느니라.

　이진금강삼매에 들면 진제와 동등해지고 법성과 동등
　理盡金剛三昧　　　眞際
해지지만, 아직은 능히 무등등과 동등해지지 못하느니
　　　　　　　　　　無等等
라. 비유하면 어떤 사람이 크고 높은 대에 올라 아래로

일체를 관하면 이처럼 알지 못함이 없는 것처럼, 이진삼매에 머무는 것이 또한 이와 같으니라. 항상 일체행을 닦아 공덕장(功德藏)을 채우고 바가도(婆伽度)의 지위에 들어 또한 다시 항상 불혜삼매(佛慧三昧)에 머무느니라.

선남자여, 이와 같이 모든 보살이 다 능히 일체 시방의 모든 여래의 국토에서 중생을 교화하면서 바른 뜻을 바로 설하고 수지하고 독송하며 실상을 이해하여 통달한다면, 내가 오늘 말한 것과 똑같아 다름이 없느니라."

부처님께서 바사닉왕에게 말씀하셨다.

"내가 멸도한 후에 법이 멸하려 할 때에 이 반야바라밀을 수지해야 하느니라. 크게 불사(佛事)를 일으키거나, 모든 국토를 안립하거나, 모든 백성이 기쁘고 즐거운 것은 모두 이 반야바라밀로 말미암느니라. 그러므로 모든 국왕에게 부촉하고, 비구와 비구니와 청신남과 청신녀에게는 부촉하지 않은 것이니라. 어째서인가. 그들에게 왕의 힘이 없기 때문에 부촉하지 않은 것이니, 그대들이 수지하고 독송하여 그 이치를 이해해야 하느니라.

대왕이여, 내가 지금 교화하는 백억의 수미(須彌)와 백억의 일월(日月)에는 낱낱의 수미마다 사천하(四天下)가 있고, 그 남쪽 염부제에 열여섯 대국(大國)과 오백 개의 중국(中國)과 만 개의 소국(小國)이 있으며, 그 국토 안에는 일곱 가지 재난이 있느니라. 모든 국왕이 이 재난 때문에 반야바라밀을 읽는다면 일곱 가지 재난이 곧장 멸하고 일곱 가지 복이 곧장 생겨서 모든 백성이 안락해지고 제왕은 기뻐할 것이니라.

어떤 것을 재난이라 하는가.

해와 달이 도(度)를 잃어 시절(時節)이 거꾸로 거스르니, 혹은 붉은 해가 뜨거나 검은 해가 뜨거나 두 개나 세 개나 네 개나 다섯 개의 해가 뜨며, 혹은 일식(日蝕)으로 빛이 없어지고, 혹은 일륜(日輪)이 한 겹으로 나타나거나, 두 겹이나 세 겹이나 네 겹이나 다섯 겹의 일륜이 나타나니, 이러한 변괴를 만났을 때에 이 경을 읽고 설해야 하니, 이것이 첫 번째 재난이니라.

이십팔수(二十八宿)가 도(度)를 잃으니, 금성(金星)과 혜성(彗星)과 윤성(輪星)과 귀성(鬼星)과 화성(火星)과 수성(水星)과 풍성(風星)과 도성(刀星), 남두(南斗)·북두(北斗)의 오진대성(五鎭大星),

일체의 국주성(國主星)과 삼공성(三公星)과 백관성(白官星) 등, 이와 같은 모든 별이 각각 변하여 나타날 때에 또한 이 경을 읽고 설해야 하니, 이것이 두 번째 재난이니라.

큰 불이 나라를 태우고 모든 백성이 다 타 죽으니, 혹은 귀신의 불(鬼火)이나 용의 불(龍火)이나 천의 불(天火)이나 산신의 불(山神火)이나 사람의 불(人火)이나 수목의 불(樹木火)이나 도적의 불(賊火) 등, 이와 같은 변괴가 있을 때에 또한 이 경을 읽고 설해야 하니, 이것이 세 번째 재난이니라.

큰 홍수에 백성이 떠내려가거나 가라앉고, 시절이 거꾸로 거슬러서 겨울에 비가 내리고 여름에 눈이 내리며, 겨울철에 천둥·번개·벼락이 치고 유월에 얼음·서리·우박이 내리며, 붉은 물이나 검은 물이나 푸른 물이 내리고, 흙산과 돌산이 쏟아지고, 모래자갈이 쏟아지며, 강하가 역류해서 산과 돌이 둥둥 떠다니는 등, 이와 같은 변괴가 있을 때에 또한 이 경을 읽고 설해야 하니, 이것이 네 번째 재난이니라.

큰 바람이 불어와 모든 백성을 죽이고 국토의 산하와 수목이 일시에 사라지니, 때아닌 큰 바람과 검은 바람과 붉은 바람과 푸른 바람과 하늘 바람과 땅 바람과 불 바람 등, 이와 같은 변괴가 있을 때에 또한 이 경을 읽어야 하니, 이것이 다섯 번째 재난이니라.

천지의 국토가 극심한 햇볕에 다 타 버리고, 온갖 풀이 극심히 말라 버리며, 오곡이 자라지 않고, 토지가 붉게 타오르며, 모든 백성이 다 멸해 버리는 등, 이와 같은 변괴가 있을 때에 또한 이 경을 읽어야 하니, 이것이 여섯 번째 재난이니라.

사방에서 도적이 와서 나라를 침탈하고 안팎에서 도적이 일어나니, 불의 도적(火賊)과 물의 도적(水賊)과 바람의 도적(風賊)과 귀신의 도적(鬼賊)으로 백성이 거칠고 문란해지며 도병(刀兵)의 겁탈이 일어나는 등, 이와 같은 변괴가 있을 때에 또한 이 경을 읽어야 하니, 이것이 일곱 번째 재난이니라.

대왕이여, 이 반야바라밀은 모든 불보살과 모든 중생

의 심식(心識)의 신본(神本)이고, 모든 국왕의 부모이니라. 또한 신부(神符)라고 하고, 또한 벽귀주(辟鬼珠)라고 하며, 또한 여의주(如意珠)라고 하고, 또한 호국주(護國珠)라고 하며, 또한 천지경(天地鏡)이라 하고, 또한 용보신왕(龍寶神王)이라 하느니라."

부처님께서 대왕에게 말씀하셨다.

"아홉 가지 색의 번(幡)을 만들되 길이를 9장(丈)으로 하고, 아홉 가지 색의 꽃을 만들되 높이를 2장으로 하며, 천 개의 가지에 등을 달되 높이를 5장이 되게 하라. 아홉 개의 옥상자(玉箱)와 아홉 개의 옥건(玉巾)을 만들고, 또한 칠보 책상을 만들어서 경을 그 위에 놓아 두어라.

왕이 행차할 때 항상 그 앞쪽 족히 일백 보 되는 곳에 두면 이 경이 항상 천 줄기 광명을 놓아 천리 안에 일곱 가지 재난이 일어나지 않고 죄의 허물이 생기지 않을 것이니라.

왕이 머물고 있을 때면 칠보로 된 장막을 만들고 가운데 칠보로 된 고좌 위에 경권(經卷)을 올려 두고 날마다 공양하며 꽃을 뿌리고 향을 사르면서 마치 부모를 섬기고 제석(帝釋)

을 섬기듯 해야 하느니라.

대왕이여, 내가 지금 오안(五眼)으로 분명하게 삼세를 보니, 모든 국왕이 다 과거에 오백 부처님을 모셨기 때문에 제왕의 주인이 될 수 있었느니라. 그러므로 모든 성인 아라한이 그 나라에 와서 태어나 큰 이익을 짓느니라. 왕의 복이 다할 때는 모든 성인도 다 사라지고, 모든 성인이 사라졌을 때는 일곱 가지 재난이 반드시 일어날 것이니라.

대왕이여, 만약 미래세에 모든 국왕 중에 삼보를 호지하는 자가 있다면 나는 다섯 명의 대력보살들로 하여금 그 나라에 가서 수호하라고 할 것이니라. 첫째로 금강후(金剛吼)보살(菩薩)이 손에 천보상륜(千寶相輪)을 쥐고 그 나라에 가서 수호할 것이고, 둘째로 용왕후보살(龍王吼菩薩)이 손에 금륜등(金輪燈)을 쥐고 그 나라에 가서 수호할 것이며, 셋째로 무외십력후보살(無畏十力吼菩薩)이 손에 금강저(金剛杵)를 쥐고 그 나라에 가서 수호할 것이고, 넷째로 뇌전후보살(雷電吼菩薩)이 손에 천보라망(千寶羅網)을 쥐고 그 나라에 가서 수호할 것이며, 다섯째로 무량력후보살(無量力吼菩薩)이 손에 오천검륜(五千劍輪)을 쥐고 그 나라에 가서 수호할 것이니라. 다섯 보살과 오천 대신왕(大神王)이 그대들의 나라에서 큰 이익을 일으킬 것이니, 마땅히 형상을 건립하여 그들을 공양해야 하느니라.

대왕이여, 나는 지금 삼보를 그대들 모든 왕에게 부촉하겠으니, 교살라국, 사위국, 마갈제국, 바라나국, 가이라위국, 구시나국, 구섬미국, 구류국, 계빈국, 미제국, 가리건국, 건타위국, 사타국, 승가타국, 건나굴사국, 바제국, 이와 같은 모든 나라의 왕 등은 다 반야바라밀을 수지해야 하느니라."

이때에 모든 대중 및 아수륜왕이 부처님께서 미래세의 일곱 재난의 두려움을 설하시는 것을 듣고 온몸의 털이 곤두서며 소리 질러 크게 외쳤다. "그런 나라에 태어나지 않게 해주십시오."

이때에 열여섯 대국의 왕이 곧 국사를 아우에게 부탁하고 출가하여 도를 닦았다. 사대(四大)와 사색(四色)의 뛰어난 출리(出離)의 상을 관하였고, 사대와 사색, 그리고 그것을 쓰지 않는 식(識)·공(空) 등의 입(入)(십변처十遍處)의 행상, 30인(忍)(인因)과 초지(初地)

(과果)의 상, 제일의제(초지, 인因)와 구지(과果)의 상을 관
                              九地
하였다. 이로 인해 대왕들은 범부의 몸을 버리고 6주의
                                          六住
몸에 들고, 7지의 보신을 버리고 8지의 법신에 들어 일
         報身   法身
체행의 반야바라밀을 증득하였다.

　열여덟 범천과 아수륜왕은 삼승관을 얻어 무생의 경계
                    三乘觀   無生
를 함께하였다. 다시 꽃을 뿌려 공양하였으니, 공화와
                                        空華
법성화와 성인화와 순화와 무생화와 법락화와 금강화와
法性華   聖人華 順華 無生華 法樂華 金剛華
연관중도화와 삼십칠품화를 부처님과 구백억 대보살중
緣觀中道華   三十七品華
에게 뿌렸다.

　그 밖의 모든 대중은 도적·과를 증득하고, 심공화와
                        道迹果   心空華
심수화와 육바라밀화와 묘각화를 뿌렸으니, 부처님과 모
心樹華 六波羅蜜華 妙覺華
든 대중에게 뿌렸다.

　만 명의 보살은 내세의 중생을 생각하면서 곧 묘각삼
                                        妙覺三
매와 원명삼매와 금강삼매와 세제삼매와 진제삼매와 제
昧 圓明三昧 金剛三昧 世諦三昧 眞諦三昧 第
일의제삼매를 증득하였으니, 이 삼제의 삼매는 모든 삼
一義諦三昧   三諦
매의 왕삼매이다. 또한 무량삼매와 칠재삼매와 이십오유
    王三昧   無量三昧 七財三昧 二十五有
삼매와 일체행삼매를 증득하였다.
三昧 一切行三昧

다시 십억의 보살이 있었으니, 금강정(金剛頂)에 올라 정각(正覺)을 실현하였다.

촉루품 제8

부처님께서 바사닉왕에게 말씀하셨다.

"내가 그대들에게 계칙을 내려 주겠느니라. 내가 멸도한 후에 팔십 년, 팔백 년, 팔천 년 중에 부처님도 없고 법도 없고 승가도 없으며 청신남도 없고 청신녀도 없어질 때가 있느니라. 이 경과 삼보를 모든 국왕과 사부제자에게 부촉하니, 수지하고 독송해서 뜻을 이해하여, 삼계의 중생을 위해 공혜(空慧)의 도를 열고 칠현(七賢)의 행과 십선(十善)의 행을 닦으며 모든 중생을 교화해야 하느니라.

이후에 오탁의 세상에서는 비구와 비구니, 사부제자와 천룡팔부와 모든 신왕(神王)과 국왕·대신·태자·왕자가 자신의 고귀함을 믿고서 나의 법을 파멸시킬 것이니라. 드러내 놓고 제법(制法)을 만들어서 나의 제자인 비구와 비구니를 통제하니, 출가(出家)와 행도(行道)를 허가하지 않고, 또한 불상과 불탑을 만드는 것을 허가하지 않을 것이니라. 통관(統官)을 세워서 대중을 통제하고 승적을 안치하여 승려를 기록하며, 비구를 땅에 세워 놓고 재가인을 높은 곳에 앉히며, 병사·노예를 비구로 삼고, 별청(別請)의 법을 받아들이며, 잘 아는 비구가 함께 한마음이 되어 친하게 지내거나 비구가 재회(齋會)를 열어서 복을 구하는 것은, 마치 외도의 법과 같은 것이지 전혀 나의 법이 아니니라. 이때에는 정법이 머지 않아 소멸할 것임을 알아야 하느니라.

대왕이여, 나의 도를 무너뜨리고 어지럽히는 일은 그대들이 저지르는 것이니라. 자신의 위력을 믿고 나의 사부제자들을 통제하면, 백성이 질병에 시달리거나 고난을 받지 않음이 없을 것이니, 이것이 나라를 무너뜨리는 인연이 되느니라. 오락의 죄를 설하자면 겁이 다해도 끝나지 않느니라.

대왕이여, 법의 말세가 될 때는 모든 비구와 사부제자와 국왕·대신들은 그릇된 법(非法)의 행을 많이 지으니, 멋대로 불·법·중승(佛 法 衆僧)에 대해 아주 그릇된 법을 만들어 모든 죄과를 짓느니라. 그릇된 법과 그릇된 율로 비구를 결

박하니, 이는 마치 감옥법과 같으니라. 이러한 때에는 법은 머지않아 멸할 것이니라.

대왕이여, 내가 멸도한 후 미래세의 사부제자와 모든 소국의 왕·태자·왕자, 곧 삼보를 주지(住持)하고 수호하는 자가 더욱더 다시 삼보를 파괴할 것이니, 마치 사자의 몸 안의 벌레가 스스로 사자를 뜯어먹는 것과 같아, 이는 외도의 짓이 아니니라. 나의 불법을 많이 파괴하여 큰 죄과를 얻으며, 바른 가르침은 쇠하여서 백성들은 바르게 행함이 없고 점점 악해지고 그 수명이 날로 줄어들어 백 세에 이르게 되느니라. 사람들이 부처님의 가르침을 무너뜨리면, 더 이상 효자도 없고, 육친(六親)이 불화하며, 천신이 도와주지 않고, 전염병과 악귀가 날마다 침해해서 괴이한 재난이 앞뒤로 이어지고 연이은 재앙이 사방으로 퍼지느니라. 죽어서는 지옥이나 아귀나 축생의 도에 들어가고, 만약 벗어나서 사람이 된다 해도 병사·노예의 과보를 받느니라. 마치 메아리가 소리에 응하는 것과 같고, 사람이 밤에 글을 쓰면 불이 꺼져도 글자는 남아 있는 것처럼, 삼계의 과보도 또한 이와 같으니라.

대왕이여, 미래세에는 모든 국왕·태자·왕자와 사부제자가 멋대로 불제자에 대해 제계(制戒)를 기록할 것이니, 이는 마치 재가인의 법과 같고 병사·노예의 법과 같으니라. 만약 나의 제자인 비구·비구니가 승적(僧籍)에 올라서 관(官)에 의해 사역된다면 결코 나의 제자가 아니니, 이는 병사·노예의 법이니라. 통관(統官)을 세우고, 승전(僧典)을 통괄하며, 승적(僧籍)을 관리하고, 대·소의 승통(僧統)들이 함께 서로 쥐고서 얽어매니, 이는 마치 감옥의 법이나 병사·노예의 법과 같으니라. 이러한 때에는 불법은 오래가지 않을 것이니라.

대왕이여, 미래세의 모든 소국의 왕과 사부제자들이 스스로 이런 죄를 짓는다면, 나라를 망친 인연으로 자신이 스스로 그것을 되받게 될 것이니, 이는 불법승이 아니니라.

대왕이여, 미래세에 이 경전을 유통시켜야 하니, 이것은 칠불(七佛)의 법기(法器)이고 시방의 제불께서 항상 행하시던 도이니라. 모든 나쁜 비구는 명리(名利)를 많이 구하면서 국왕과 태자와 왕자 앞에서 스스로 불법(佛法)을 파괴하는 인연과 나라를 파괴하는 인연을 설하니, 그 왕이 달리 생각지 않고 이 말을 믿고 들어주어서 멋대로 법제(法制)를 만들되 불계(佛戒)에는 의거하지 않는다면, 이것이 부처님을 파괴하고 나라를 파괴하는 인연이 되느니라. 이러한 때에는 정법은 오래가지 않을 것이니라."

이때에 열여섯 대국의 왕들은 부처님께서 일곱 가지 계칙으로 설해 주셨던 미래세의 일을 듣고서 슬피 울면서 눈물을 흘렸으니, 그 소리가 삼천세계를 진동시켜서 해와 달과 다섯별과 이십팔수(二十八宿)가 빛을 잃고 나타나지 않았다.

이때에 모든 왕들은 각각 지심으로 부처님 말씀을 수지하고, 사부제자의 출가와 행도를 통제하지 않으며, 마땅히 부처님의 가르침대로 하였다.

이때에 대중 가운데 열여덟 범천왕과 육욕천의 모든 천자들이 탄식하며 말하였다. "이러한 때에 세간이 공허해지면 이는 부처님이 없는 세상입니다."

이때에 한량없는 대중 가운데 백억의 보살인 미륵(彌勒)과 사자월(師子月) 등, 백억의 성문인 사리불(舍利弗)과 수보리(須菩提) 등, 오백억의 열여덟 범왕과 모든 육욕천과 삼계(三界)와 육도(六道)와 아수륜(阿須輪)왕(王) 등은 부처님께서 설해 주신 바의 불과(佛果)를 수호하는 인연과 국토를 수호하는 인연을 듣고서 기쁨이 무량하여 부처님께 예를 올리고서 반야바라밀을 수지하였다.

Ⅲ
인왕호국경
원문교감본

일러두기

- 독송본의 저본은 고려대장경에 수록된 구마라집 역 『仁王般若波羅蜜經』이다.
- 고려장경본의 원문을 신수본新修本 『仁王般若波羅蜜經』(T8), 원측 『仁王經疏』(H1), 길장吉藏 『仁王般若經疏』(T33), 그리고 천태天台의 소疏와 경문을 합하여 편찬한 도패道霈 『仁王經合疏』(X26)와 대조하였다. 글자를 수정하거나 삭제한 경우는 각주에 표시하였다.

원문 교감주에 표기된 원전 약호

H1: 『韓國佛教全書』 第1冊 『仁王經疏』

T8: 大正新脩大藏經 第8冊 No. 245 『佛說仁王般若波羅蜜經』/ 發行日期:2021-10-10, 更新日期:2020-12-08/ 本資料庫由中華電子佛典協會(CBETA)

T33: 大正新脩大藏經 第33冊 No. 1707 『仁王般若經疏』/ 發行日期:2021-10-10, 更新日期:2021-06-25/ 本資料庫由中華電子佛典協會(CBETA)

X26: 卍新纂大日本續藏經 第26冊 No. 513 『仁王經合疏』/ 發行日期:2021-10-10, 更新日期:2020-12-04/ 本資料庫由中華電子佛典協會(CBETA)

佛說仁王[1]般若波羅蜜經卷上[2]
姚秦三藏鳩摩羅什譯

序品第一

如是我聞. 一時, 佛住王舍城耆闍崛山中, 與大比丘衆八百萬億, 學無學, 皆阿羅漢, 有爲功德, 無爲功德, 無學十智, 有學八智,[3] 有學六智, 三根, 十六心行, 法假虛實觀, 受假虛實觀, 名假虛實觀, 三空觀門, 四諦, 十二緣, 無量功德皆成就. 復有八百萬億大仙緣覺, 非斷非常四諦十二緣皆成就.[4] 復有九百萬億菩薩摩訶薩, 皆[5]阿羅漢, 實智功德, 方便智功德, 行獨大乘, 四眼, 五通, 三達, 十力, 四無量心, 四辯, 四攝, 金剛滅定, 一切功德皆成就. 復有千萬億五戒賢者, 皆行阿羅漢十地, 迴向五分法身具足, 無量功德皆成就. 復有十千五戒淸[6]信女, 皆行阿羅漢十地, 皆成就始生功德, 住生功德, 終生功德, 三十生功德皆成就. 復有十億七賢居士, 德行具足, 二十二品, 十一切入, 八除入, 八解脫, 三慧, 十六諦, 四諦, 四三二一品觀, 得九十忍, 一切功德皆成就. 復有萬萬億[7]九梵, 三淨, 三光, 三梵五喜樂天, 天定, 功德定, 味, 常樂神通, 十八生處功德皆成就. 復有億億六欲諸天子, 十善果報神通功德皆成就. 復有十六大國王, 各各有一萬二萬, 乃至十萬眷屬, 五戒十善三歸功德, 淸信行具足. 復有五道一切衆生, 復有他方不可量衆, 復有變十方淨土, 現百億高座, 化百億須彌寶華, 各各

---

1 원측『仁王經疏』(H1, 15中)에 '王' 뒤에 '護國'이 있고, 이에 의거해서 독송본에 2자를 보입하였다.
2 독송본에서는 '卷上' 2자를 생략하였다.
3 원측『仁王經疏』(H1, 26上)에 '有學八智'가 없다.
4 원측『仁王經疏』(H1, 30上)에 '就' 뒤에 '無量功德皆成就' 7자가 있다.
5 원측『仁王經疏』(H1, 30b)에 '皆' 뒤에 '行'이 있다.
6 원측『仁王經疏』(H1, 36上)에 '淸'이 '淨'으로 되어 있다.
7 원측『仁王經疏』(H1, 38下)에 '億' 뒤에 '十八梵天' 4자가 있다.

坐⁸前華上, 復有無量化佛, 有無量菩薩比丘八部大衆, 各各坐寶蓮華. 華上皆有無量國土, 一一國土佛及大衆, 如今無異, 一一國土中, 一一佛及大衆, 各各說般若波羅蜜. 他方大衆及化衆, 此三界中大衆, 十二大衆, 皆來集會, 坐九劫蓮華座, 其會方廣, 九百五十里, 大衆儼然而坐.

爾時, 十號,⁹ 三明, 大滅諦, 金剛智, 釋迦牟尼佛, 初年月八日, 方坐十地, 入大寂室三昧, 思緣放大光明, 照三界中.¹⁰ 復於頂上, 出千寶蓮華, 其華上至非想非非想天, 光亦復爾, 乃至他方恒河沙諸佛國土. 時無色界, 雨無量變大香華, 香如車輪, 華如須彌山王, 如雲而下. 十八梵天王, 雨百變異色華, 六欲諸天, 雨無量色華.¹¹ 其佛座前, 自然生九百萬億劫華, 上至非想非非想天. 是時, 世界其地, 六種震動.

爾時, 諸大衆俱共儼然生疑, 各相謂言, 四無所畏, 十八不共法, 五眼, 法身, 大覺世尊, 前已爲我等大衆, 二十九年, 說摩訶般若波羅蜜, 金剛般若波羅蜜, 天王問般若波羅蜜, 光讚般若波羅蜜, 今日如來, 放大光明, 斯作何事. 時十六大國王中, 舍衛國主波斯匿王, 名曰月光, 德行十地, 六度, 三十七品, 四不壞淨, 行摩訶衍化. 次第問居士寶蓋法淨名等八百人, 復問須菩提, 舍利弗等五千人, 復問彌勒, 師子吼等十千人, 無能答者.

時¹²波斯匿王, 卽以神力, 作八萬種音樂, 十八梵, 六欲諸天, 亦作八萬種音樂, 聲動三千, 乃至十方恒河沙佛土, 有緣斯現. 彼他方¹³佛國中, 南方法才菩薩, 共五百萬億大衆, 俱來入此大會, 東方寶柱菩薩, 共九百萬億大衆, 俱來入此大會. 北方虛空性菩薩, 共百千萬億大衆, 俱來入此大會, 西方善住菩薩, 共十恒河沙大衆, 俱來入此大會. 六方亦復如是, 作樂亦然, 亦復共作無量音樂, 覺悟如來. 佛卽知時得衆生根, 卽從定起, 方坐蓮華師子座上, 如金剛山王. 大衆歡喜, 各各現無量神通, 地及虛空, 大衆而住.

---

8 원측『仁王經疏』(H1, 40中)에 '坐'가 '座'로 되어 있다.
9 원측『仁王經疏』(H1, 41上)에 '號'가 '方'으로 되어 있다.
10 원측『仁王經疏』(H1, 43中)에 '中'이 '衆生'으로 되어 있다.
11 원측『仁王經疏』(H1, 44上)에 '六欲諸天雨無量色華' 9자가 없고, 그 밖의 판본들에는 모두 있다.
12 원측『仁王經疏』(H1, 46下)에 '時' 앞에 '爾'가 있다.
13 원측『仁王經疏』(H1, 46下)에 '方'이 '身'으로 되어 있다.

仁王般若波羅蜜護國經[14] 觀空品第二

爾時, 佛告大衆, 知十六大國王意, 欲問護國土[15]因緣. 吾今先爲諸菩薩, 說護佛果因緣, 護十地行因緣. 諦聽諦聽, 善思念之, 如法修行. 時波斯匿王言, 善, 大事因緣故. 卽散百億種色華, 變成百億寶帳, 蓋諸大衆.

爾時, 大王復起作禮, 白佛言, 世尊, 一切菩薩, 云何護佛果, 云何護十地行因緣. 佛言, 菩薩化四生, 不觀色如, 受想行識如, 衆生我人常樂我淨如, 知見壽者如, 菩薩如, 六度四攝一切行如, 二諦如. 是故一切法性, 眞實空, 不來不去, 無生無滅, 同眞際, 等法性, 無二無別, 如虛空. 是故陰入界, 無我無所有相, 是爲菩薩行化十地般若波羅蜜.

白佛言, 若諸法爾者, 菩薩護化衆生, 爲化衆生耶. 大王, 法性色受想行識常樂我淨, 不住色, 不住非色, 不住非非色, 乃至受想行識, 亦不住非非住. 何以故. 非色如,[16] 非非色如. 世諦故, 三假故, 名見衆生, 一切生性實故. 乃至諸佛, 三乘, 七賢, 八聖, 亦名見, 六十二見, 亦名見. 大王, 若以名, 名見一切法, 乃至諸佛三乘四生者, 非非見一切法也.

白佛言, 般若波羅蜜, 有法非非法, 摩訶衍云何照. 大王, 摩訶衍見非非法, 法若法[17]非非法, 是名非非法空. 法性空, 色受想行識空, 十二入十八界空, 六大法空, 四諦十二緣空, 是法卽生, 卽住卽滅, 卽有卽空. 刹那刹那, 亦如是, 法生法住法滅. 何以故. 九十刹那爲一念, 一念中一刹那, 經九百生滅, 乃至色一切法, 亦如是.

以般若波羅蜜空故, 不見緣, 不見諦乃至一切法空. 內空, 外空, 內外空, 有爲空, 無爲空, 無始空, 性空, 第一義空, 般若波羅蜜空, 因空, 佛果空, 空空故

---

14 독송본에서는 '仁王般若波羅蜜護國經' 10자를 생략하였다. 참고로 원측『仁王經疏』(H1, 47上)에는 이 10자가 없다.

15 원측『仁王經疏』(H1, 47中)에 '土'가 '王'으로 되어 있다.

16 원측『仁王經疏』(H1, 50中)에 '如'가 없다.

17 '法'은 잉자인 듯하여 독송본에서 삭제하였다. 신수본『仁王經』(T8, 826a6), 원측『仁王經疏』(H1, 51上), 길장『仁王般若經疏』(T33, 325a18), 도패『仁王經合疏』(X26, 156c22)에 모두 '法'이 없다.

空. 但法集故有, 受集故有, 名集故有. 因集故有, 果集故有, 十行故有, 佛果故有, 乃至六道一切有.

善男子, 若有菩薩, 見法衆生我人知見者, 斯人行世間, 不異於世間. 於諸法而不動不到不滅, 無相無無相, 一相[18]法亦如也, 諸佛法僧亦如也. 是卽初地一念心, 具足八萬四千般若波羅蜜, 卽載名摩訶衍, 卽滅爲金剛, 亦名定, 亦名一切行. 如光讚般若波羅蜜中說.

大王, 是經名味句, 百佛千佛百千萬佛說名味句, 於恒河沙三千大千國土中, 成[19]無量七寶, 施三千大千國中衆生, 皆得七賢四果, 不如於此經中, 起一念信, 何況解一句者. 句非句, 非非句故, 般若非句, 句非般若. 般若亦非[20]菩薩. 何以故. 十地三十生空故. 始生, 住生, 終生, 不可得, 地地中三[21]生空故. 亦非薩婆若, 非摩訶衍, 空故.

大王, 若菩薩見境見智見說見受者, 非聖見也. 倒想見法, 凡夫人也. 見三界者, 衆生果報之名也. 六識起無量欲無窮, 名爲欲界藏空, 或色所起業果, 名爲色界藏空, 或心所起業果, 名無色界藏空. 三[22]界空, 三界根本無明藏亦空. 三地九生滅, 前三界中, 餘無明習果報空.[23] 金剛菩薩, 得理盡三昧故, 惑[24]果生滅空, 有果空, 因空故空. 薩婆若亦空, 滅果空, 或[25]前已空故. 佛得三無爲果,

---

18 독송본에서는 '相'을 '切'로 수정하였다. 신수본 『仁王經』(T8, 826a20)에 '切'로 되어 있고, 교감주에 "切【CB】, 相【大】, 法【宋】【元】【明】"이라고 하였다. 원측 『仁王經疏』(H1, 53下)의 "所觀空理, 於諸法中平等一味, 無動轉相, 無動轉故不到, 到是生義, 以無動故無生, 無生故亦無滅相……以此義故, 二切法皆如也."라는 주석에 준하면, 원측의 판본에도 '切'로 되어 있었던 듯하다. 길장 『仁王般若經疏』(T33, 326c5), 도패 『仁王經合疏』(X26, 158b3)에 모두 '切'로 되어 있다.

19 신수본 『仁王經』(T8, 826a25)에 '成'이 '盛'으로 되어 있고, 교감주에 "盛【CB】, 成【大】"라고 하였다. 원측 『仁王經疏』(H1, 54中)의 주석문에 따르면, 원측의 판본에 '盛'으로 되어 있었던 듯하다. 길장 『仁王般若經疏』(T33, 327a18)에 '盛'으로 되어 있고, 도패 『仁王經合疏』(X26, 158c10)에 '盛'으로 되어 있으며, 교감주에 "盛【CB】, 成【卍續】"이라고 하였다.

20 원측 『仁王經疏』(H1, 54下)에 '非'가 '無'로 되어 있다.

21 원측 『仁王經疏』(H1, 55上)에 '三' 뒤에 '十'이 있다.

22 원측 『仁王經疏』(H1, 55中)에 '三' 앞에 '故'가 있다.

23 원측 『仁王經疏』(H1, 55下)에 '空'이 '果'로 되어 있다.

24 고려장경본에 '或'으로 되어 있으나 '惑'으로 수정하였다. 원측 『仁王經疏』(H1, 56上中)의 원측 주석, 길장 『仁王般若經疏』(T33, 327c29)의 경문, 도패 『仁王經合疏』(X26, 159c7)의 경문에 모두 '惑'으로 되어 있다.

25 독송본에서는 '或'을 '惑'으로 수정하였다. 원측 『仁王經疏』(H1, 56中)의 주석문, 길장 『仁王般若經疏』(T33, 328a12)의 경문, 도패 『仁王經合疏』(X26, 159c17)의 경문에 모두 '惑'으로 되어 있다.

智緣滅, 非智緣滅, 虛空, 薩婆若果[26]空也. 善男子, 若有修習聽說, 無聽無說, 如虛空, 法同法性, 聽同說同, 一切法皆如也. 大王, 菩薩修護佛果爲若此, 護般若波羅蜜者, 爲護薩婆若, 十力, 十八不共法, 五眼, 五分法身, 四無量心, 一切功德果爲若此.

佛說法時, 無量人天衆, 得法眼淨, 性地信地, 有百千人, 皆得大空菩薩大行.

---

26 원측 『仁王經疏』(H1, 56中)에 '果'가 없다.

仁王般若波羅蜜護國經[27] 菩薩敎化品第三

白佛言. 世尊, 護十地行菩薩, 云何行可行, 云何行化衆生, 以何相衆生可化. 佛言. 大王, 五忍是菩薩法, 伏忍上中下, 信忍上中下, 順忍上中下, 無生忍上中下, 寂滅忍上下, 名爲諸佛菩薩修般若波羅蜜.

善男子, 初發想信恒河沙衆生, 修行伏忍, 於三寶中, 生習種性十心, 信心, 精進心, 念心, 慧心, 定心, 施心, 戒心, 護心, 願心, 迴向心. 是爲菩薩能少分化衆生, 已超過二乘一切善地, 一切諸佛菩薩, 長養十心, 爲聖胎也.

次第,[28] 起乾慧性種性, 有十心, 所謂四意止, 身受心法, 不淨苦無常無我也, 三意止, 三善根慈施慧也, 三意止, 所謂三世過去因忍, 現在因果忍, 未來果忍. 是菩薩亦能化一切衆生, 已能過我人知見衆生等想, 及外道倒想所不能壞.

復有十道種性地.[29] 所謂觀色識想受行, 得戒忍, 知見忍, 定忍, 慧忍, 解脫忍. 觀三界因果, 空忍, 無願忍, 無想忍. 觀二諦虛實, 一切法無常, 名無常忍, 一切法空, 得無生忍. 是菩薩十堅心, 作轉輪王, 亦能化四天下, 生一切衆生善根.

又信忍菩薩, 所謂善達明中行者, 斷三界色煩惱縛, 能化百佛千佛萬佛國中, 現百身千身萬身, 神通無量功德. 常以十五心爲首, 四攝法, 四無量心, 四弘願, 三解脫門. 是菩薩, 從善地, 至於薩婆若, 以此十五心, 爲一切行根本種子.

又順忍菩薩, 所謂見勝現法, 能斷三界心等煩惱縛故, 現一身於十方佛國中, 無量不可說神通, 化衆生. 又無生忍菩薩, 所謂遠不動觀慧, 亦斷三界心色等煩惱習故, 現不可說不可說功德神通.

復次, 寂滅忍, 佛與菩薩, 同用此忍, 入金剛三昧, 下忍中行, 名爲菩薩, 上忍

---

27 독송본에서는 '仁王般若波羅蜜護國經' 10자를 생략하였다.
28 원측『仁王經疏』(H1, 59中)에 '次第'가 '復次善男子'로 되어 있고, 그 밖의 판본들에는 모두 '次第'로 되어 있다.
29 원측『仁王經疏』(H1, 59中)에 '復有十道種性地' 7자는 "復次善男子, 修行上伏忍, 進入平等道, 名爲道種性地(或有本云, 復有十道十種性地. 且依前本)."라고 되어 있다.

中行, 名爲薩婆若. 共觀第一義諦, 斷三界心習, 無明盡相, 爲金剛, 盡相無相, 爲薩婆若. 超度世諦第一義諦之外, 爲第十一地薩婆[30]若覺, 非有非無, 湛然淸淨, 常住不變, 同眞際, 等法性. 無緣大悲, 敎化一切衆生, 乘薩婆若乘來化三界.

善男子, 一切衆生煩惱, 不出三界藏, 一切衆生果報二十二根, 不出三界, 諸佛應化法身, 亦不出三界. 三界外, 無衆生, 佛何所化. 是故我言, 三界外, 別有一衆生界藏者, 外道大有經中說, 非七佛之所說. 大王, 我常語, 一切衆生, 斷三界煩惱, 果報盡者, 名爲佛, 自性淸淨, 名覺薩婆若性. 衆生本業, 是諸佛菩薩本業,[31] 本所修行, 五忍中十四忍具足.

白佛言, 云何菩薩本業淸淨化衆生. 佛言, 從一地, 乃至後一地, 自所行處, 及佛行處, 一切知見故. 本業者, 若菩薩住百佛國中, 作閻浮四天王, 修百法門, 二諦平等心, 化一切衆生. 若菩薩住千佛國中, 作忉利天王, 修千法門, 十善道, 化一切衆生. 若菩薩住十萬佛國中, 作炎天王, 修十萬法門, 四禪定, 化一切衆生. 若菩薩住百億佛國中, 作兜率天王, 修百億法門, 行道品, 化一切衆生. 若菩薩住千億佛國中, 作化樂天王, 修千億法門, 二諦四諦八諦, 化一切衆生. 若菩薩住十萬億佛國中, 作他化天王, 修十萬億法門, 十二因緣智, 化一切衆生. 若菩薩住百萬億佛國中, 作初禪王, 修百萬億法門, 方便智願智, 化一切衆生. 若菩薩住百萬微塵數佛國中, 作二禪梵王, 修百萬微塵數法門, 雙照方便神通智, 化一切衆生. 若菩薩住百萬億阿僧祇微塵數佛國中, 作三禪大梵王, 修百萬億阿僧祇微塵數法門, 以四無導智, 化一切衆生. 若菩薩住不可說不可說佛國中, 作第四禪大靜天王三界主, 修不可說不可說法門, 得理盡三昧, 同佛行處, 盡三界原, 敎化一切衆生, 如佛境界. 是故一切菩薩本業化行淸淨. 若十方諸如來, 亦修是業, 登薩婆若果, 作三界王, 化一切無量衆生.

爾時, 百萬億恒河沙大衆, 各從座起, 散無量不可思議華, 燒無量不可思議香, 供養釋迦牟尼佛, 及無量大菩薩, 合掌聽波斯匿王, 說般若波羅蜜. 今於佛前, 以偈歎曰.

---

30 원측『仁王經疏』(H1, 64中)의 주석문, 길장『仁王般若經疏』(T33, 330c13)의 경문에 '婆'가 '云'으로 되어 있다.

31 원측『仁王經疏』(H1, 65下)에 '本業' 2자가 없다.

世尊導師金剛體　心行寂滅轉法輪
八辯洪音爲衆說　時衆得道百億萬
時六天人[32]出家道　成比丘衆菩薩行

五忍功德妙法門　十四正士能諦了
三賢十聖忍中行　唯佛一人能盡原

佛衆法海三寶藏　無量功德攝在中
十善菩薩發大心　長別三界苦輪海
中下品善粟散王　上品十善鐵輪王

習種銅輪二天下　銀輪三天性種性
道種堅德轉輪王　七寶金光四天下

伏忍聖胎三十人　十信十止十堅[33]心
三世諸佛於中行　無不由此伏忍生

一切菩薩行本原　是故發心信心難
若得信心必不退　進入無生初地道
教化衆生覺中行　是名菩薩初發心

善覺菩薩四天王　雙照二諦平等道
權化衆生遊百國　始登一乘無相道
入理般若名爲住　住生德行名爲地
初住一心足德行　於第一義而不動

離達開士忉利王　現形六道千國土

32　원측『仁王經疏』(H1, 68下)에 '人' 뒤에 '皆'가 있다. 다른 판본들에는 모두 '皆'가 없다.
33　원측『仁王經疏』(H1, 69下)에 '堅'이 '賢'으로 되어 있다. 다른 판본들에는 모두 '堅'으로 되어 있다.

無緣無相第三諦　無死³⁴無生無二照

明慧空照炎天王　應形萬國導群生
忍心無二三諦中　出有入無變化生

善覺離明三道人　能滅三界色煩惱
還觀三界身口色　法性第一無遺照

炎慧妙光大精進　兜率天王遊億國
實智緣寂方便道　達無生照空有了

勝慧三諦自達明　化樂天王百億國
空空諦觀無二相　變化六道入無間

法現開士自在王　無二無照達理空
三諦現前大智光　照千億土教一切

焰勝法現無相定　能洗三界迷心惑
空³⁵慧寂然無緣觀　還觀心空無量報

遠達無生初禪王　常萬億土教衆生
未度報身一生在　進入等觀法流地
始入無緣金剛忍　三界報形永不受
觀第三義無二照　二十一生空寂行
三界愛習順道定　遠達正士獨諦了

等觀菩薩二禪王　變生法身無量光

---

34 고려대장경본과 신수본 『仁王經』(T8, 827b28)에 '死', 원측 『仁王經疏』(H1, 72上)와 길장 『仁王般若經疏』(T33, 333c5)에는 '無'로 되어 있다.

35 원측 『仁王經疏』(H1, 73下)에 '空'이 '定'으로 되어 있다. 그 밖의 판본들에는 모두 '空'으로 되어 있다.

入百恒土化一切³⁶　圓照三世恒劫事
返照樂虛無盡原　於第三諦常寂然

慧光開士三禪王　能於千恒一時現
常在無爲空寂行　恒沙佛藏一念了

灌頂菩薩四禪王　於億恒土化群生
始入金剛一切了　二十九生永已度
寂滅忍中下忍觀　一轉妙覺常湛然

等慧灌頂三品士　除前餘習無明緣
無明習相故煩惱　二諦理窮一切盡

圓智無相三界王　三十生盡等大覺
大寂無爲金剛藏　一切報盡無極悲
第一義諦常安隱　窮原盡性妙智存
三賢十聖住果報　唯佛一人居淨土
一切衆生暫住報　登金剛原居淨土

如來三業德無極　我今月光禮三寶
法王無上人中樹　覆蓋大衆無量光
口常說法非無義　心智寂滅無緣照
人中師子爲衆說　大衆歡喜散金華
百億萬土六大動　含生之類受妙報
天尊快說十四王　是故我今略歎³⁷佛

時諸大衆, 聞月光王歎十四王無量功德藏, 得大法利. 卽於坐中, 有十恒河沙

---

36 원측『仁王經疏』(H1, 75上)에 '一切'가 '衆生'으로 되어 있다. 그 밖의 판본들에는 모두 '一切'로 되어 있다.
37 원측『仁王經疏』(H1, 76中)에 '歎'이 '難'으로 되어 있다.

天王, 十恒河沙梵王, 十恒河沙鬼神王, 乃至三趣, 得無生法忍. 八部阿須輪王, 現轉鬼身, 天上受道. 三生入正位者, 或四生五生, 乃至十生, 得入正位, 證聖人性, 得一切無量報.

佛告諸得道果實天衆. 善男子, 是月光王, 已於過去十千劫中, 龍光王佛法中, 爲四住開士, 我爲八住菩薩, 今於我前, 大師子吼. 如是如是. 如汝所言, 得眞義說, 不可思議, 不可度量, 唯佛與佛, 乃知斯事. 善男子, 其所說十四般若波羅蜜, 三忍, 地地上中下三十忍, 一切行藏, 一切佛藏, 不可思議.

何以故. 一切諸佛, 是中生, 是中滅, 是中化, 無生無滅無化, 無自無他, 第一無二, 非化非不化, 非相非[38]無相, 無來無去, 如虛空故. 一切衆生, 無生無滅, 無縛解, 非因非果, 非不因果. 煩惱我人知見受者, 我所者, 一切苦受行空故. 一切法集幻化五陰, 無合無散, 法同法性, 寂然空故. 法境界空. 空無相不轉, 不顚倒, 不順幻化. 無三寶, 無聖人, 無六道, 如虛空故. 般若無知無見, 不行不緣, 不因不受. 不得一切照相故, 行道. 斯行道相, 如虛空故. 法相如是, 何可有心得, 無心得. 是以般若功德, 不可衆生中行而行, 不可五陰法中行而行, 不可境中行而行, 不可解中行而行. 是故般若不可思議, 而一切諸佛[39]菩薩, 於中行故, 亦不可思議, 一切諸如來, 於幻化無住法中化, 亦不可思議.

善男子, 此功德藏, 假使無量恒河沙第十三灌頂開士, 說是功德, 百千億分中, 如王所說, 如海一滴. 我今略述分義功德, 有大利益一切衆生. 亦爲過去來今, 無量諸如來之所述可, 三賢十聖, 讚歎無量, 是月光王分義功德.

善男子, 是十四法門, 三世一切衆生, 一切三乘, 一切諸佛之所修集,[40] 未來諸佛, 亦復如是. 若一切諸佛菩薩, 不由此門, 得薩婆若者, 無有是處. 何以故. 一切佛及菩薩, 無異路故. 是故一切諸善男子, 若有人聞諸忍法門, 信忍, 止忍, 堅忍, 善覺忍, 離達忍, 明慧忍, 焰慧忍, 勝慧忍, 法現忍, 遠達忍, 等覺忍, 慧光忍, 灌頂忍, 圓覺忍者, 是人超過百劫千劫無量恒河沙生生苦難, 入此法門, 現身得報.

時諸衆中, 有十億同名虛空藏海菩薩, 歡喜法樂, 各各散華, 於虛空中, 變成

---

[38] 고려대장경본과 신수본 『仁王經』(T8, 828a24)에는 '非相非', 원측 『仁王經疏』(H1, 77下)와 도패 『仁王經合疏』(X26, 170c24)에는 '非無'로 되어 있다.
[39] 원측 『仁王經疏』에만 '佛'이 없고, 그 밖의 판본들에는 모두 있다.
[40] 길장 『仁王般若經疏』(T33, 337a24)의 경문에 '集'이 '習'으로 되어 있다.

無量華臺, 上有無量大衆, 說十四正行. 十八梵, 六欲天王, 亦散寶華, 各坐虛空臺上, 說十四正行, 受持讀誦, 解其義理. 無量諸鬼神, 現身修行般若波羅蜜.

佛告大王, 汝先言, 云何衆生相可化. 若以幻化身, 見幻化者, 是菩薩眞行化衆生. 衆生識, 初一念識, 異木石, 生得善, 生得惡, 惡爲無量惡識本, 善爲無量善識本. 初一念, 金剛終一念, 於中, 生不可說不可說識, 成衆生色心. 是衆生根本, 色名色蓋, 心名識蓋, 想蓋, 受蓋, 行蓋. 蓋者, 陰覆爲用, 身名積聚. 大王, 此一色法, 生無量色, 眼所得爲色, 耳所得爲聲, 鼻所得爲香, 舌得爲味, 身得爲觸. 堅持名地, 水名潤, 火名熱, 輕動名風, 生五識處名根. 如是一色一心, 有不可思議色心. 大王, 凡夫六識麤故, 得假名靑黃方圓等, 無量假色法, 聖人六識淨故, 得實法色香味觸, 一切實色法.

衆生者, 世諦之名也. 若有若無, 但生衆生憶念, 名爲世諦, 世諦假誑, 幻化故有. 乃至六道, 幻化衆生見幻化, 幻化見幻化, 婆羅門, 刹利, 毘舍, 首陁, 神我等色心, 名爲幻諦.

幻諦法無, 佛未[41]出世前, 無名字, 無義名. 幻法幻化, 無名字, 無體相, 無三界名字, 無善惡果報六道名字. 大王, 是故佛佛出現於世, 爲衆生故, 說作三界六道名字, 是名無量名字, 如空法, 四大法, 心法, 色法.

相續假法, 非一非異, 一亦不續, 異亦不續. 非一非異故, 名相[42]續諦. 相待假法, 一切名相待, 亦名不定相待, 如五色等法, 有無一切等法. 一切法, 皆緣成假, 成衆生, 俱時因果, 異時因果, 三世善惡, 一切幻化, 是幻諦衆生.

大王, 若菩薩如上所見衆生幻化, 皆是假誑, 如空中華. 十住菩薩諸佛五眼, 如幻諦而見, 菩薩化衆生爲若此.

說此法[43]時, 有無量天子及諸大衆, 得伏忍者, 得空無生忍, 乃至一地十地不可說德行.

---

41 신수본 『仁王經』(T8, 828c17)의 교감주에 "未【大】,〔-〕【宋】【元】【明】"라고 하였고, 길장 『仁王般若經疏』(T33, 338b25), 도패 『仁王經合疏』(X26, 173b9)에는 '未'가 없다.
42 원측 『仁王經疏』(H1, 83上)에 '相'이 없다.
43 원측 『仁王經疏』(H1, 83中)에 '說此法' 3자가 없다.

仁王般若波羅蜜護國經[44] 二諦品第四

爾時, 波斯匿王言, 第一義諦中, 有世諦不. 若言無者, 智不應二, 若言有者, 智不應一. 一二之義, 其事云何.

佛告大王, 汝於過去七佛, 已問一義二義. 汝今無聽, 我今無說, 無聽無說, 卽爲一義二義故. 諦[45]聽諦聽, 善思念之, 如法修行. 七佛偈如是.

無相第一義　無自無他作
因緣本自有　無自無他作
法性本無性[46]　第一義空如
諸有本有法　三假集假有
無無諦實無　寂滅第一空
諸法因緣有　有無義如是

有無本自[47]二　譬若牛二角
照解見無二　二諦常不卽
解心見不二　求二不可得
非謂二諦一　非二何可得
於解常自一　於諦常自二
通達此無二　眞入第一義

世諦幻化起　譬如虛空華
如影三手無　因緣故誑有

---

44 독송본에서는 '仁王般若波羅蜜護國經' 10자를 생략하였다.
45 원측 『仁王經疏』(H1, 84下)에 '諦' 앞에 '王今' 2자가 있다.
46 원측 『仁王經疏』(H1, 85上)에 '性'이 '相'으로 되어 있다. 신수본 『仁王經』(T8, 829a12)과 길장 『仁王般若經疏』(T33, 339c6)에는 모두 '性'으로 되어 있다.
47 원측 『仁王經疏』(H1, 85下)에 '自'가 '是'로 되어 있고, 그 밖의 판본들에는 모두 '自'로 되어 있다.

幻化見幻化　衆生名幻諦
幻師見幻法　諦實則皆無
名爲諸佛觀　菩薩觀亦然

　大王, 菩薩摩訶薩, 於第一義中, 常照二諦, 化衆生. 佛及衆生, 一而無二. 何以故. 以衆生空故, 得置菩提空, 以菩提空故, 得置衆生空. 以一切法空故, 空空. 何以故. 般若無相, 二諦虛空. 般若空, 從無明, 乃至薩婆若, 無自相, 無他相故. 五眼成就時, 見無所見, 行亦不受, 不行亦不受, 非行非不行亦不受, 乃至一切法亦不受. 菩薩未成佛時, 以菩提爲煩惱, 菩薩成佛時, 以煩惱爲菩提. 何以故. 於第一義, 而不二故, 諸佛如來, 乃至一切法, 如故.
　白佛言, 云何十方諸如來, 一切菩薩, 不離文字, 而行諸法相. 大王, 法輪者, 法本如, 重誦如, 受記如, 不誦偈如, 無問而自說如, 戒經如, 譬喩如, 法界如, 本事如, 方廣如, 未曾有如, 論議如. 是名味句音聲果文字記句一切如. 若取文字者, 不行空也.
　大王, 如如文字, 修諸佛智母. 一切衆生性[48]根本智母, 卽爲薩婆若體. 諸佛未成佛, 以當佛爲智母, 未得爲性, 已得爲薩婆若. 三乘般若, 不生不滅, 自性常住, 一切衆生, 以此爲覺性故. 若菩薩無受, 無文字, 離文字, 非非文字. 修無修爲修文字者, 得般若眞性般若波羅蜜. 大王, 若菩薩護佛, 護化衆生, 護十地行, 爲若此.
　白佛言, 無量品衆生, 根亦無量, 行亦無量, 法門爲一, 爲二, 爲無量耶. 大王, 一切法觀門, 非一非二, 乃有無量. 一切法亦非有相, 非非無相. 若菩薩見衆生, 見一見二, 卽不見一, 不見二, 一二者, 第一義諦也. 大王, 若有若無者, 卽世諦也. 以三諦, 攝一切法, 空諦, 色諦, 心諦. 故我說一切法, 不出三諦. 我人知見五受陰空, 乃至一切法空. 衆生品品, 根行不同故, 非一非二法門.
　大王, 七佛說摩訶般若波羅蜜, 我今說般若波羅蜜, 無二無別. 汝等大衆, 應當受持, 讀誦解說. 是經功德, 有無量不可說不可說諸佛, 一一佛, 教化無量不可說衆生, 一一衆生, 皆得成佛, 是佛復教化無量不可說衆生, 皆得成佛. 是上三佛, 說般若波羅蜜經八萬億偈, 於一偈中, 復分爲千分, 於一分中, 說一分句義, 不可窮盡, 況復於此經中, 起一念信, 是諸衆生, 超百劫千劫十地等功德.

---

48 원측『仁王經疏』(H1, 89a)에 '性'이 없다.

何況受持讀誦解說者功德. 卽十方諸佛, 等無有異, 當知是人, 卽是如來, 得佛不久. 時諸大衆, 聞說是經, 十億人, 得三空忍, 百萬億人, 得大空忍十地性.

大王, 此經名爲仁王問般若波羅蜜經, 汝等受持般若波羅蜜經. 是經復有無量功德, 名爲護國土功德, 亦名一切國王法藥, 服行無不大用, 護舍宅功德, 亦護一切衆生身. 卽此般若波羅蜜, 是護國土, 如城塹牆壁, 刀劍鉾楯, 汝應受持般若波羅蜜, 亦復如是.

佛說仁王般若波羅蜜經卷下
姚秦三藏鳩摩羅什譯[49]
護國品第五

爾時, 佛告大王. 汝等善聽, 吾今正說護國土法用, 汝當受持般若波羅蜜. 當國土欲亂, 破壞劫燒, 賊來破國時, 當請百佛像, 百菩薩像, 百羅漢像, 百比丘衆, 四大衆七衆, 共聽, 請百法師, 講般若波羅蜜. 百師子吼高座前, 燃百燈, 燒百和香, 百種色花, 以用供養三寶, 三衣什物, 供養法師, 小飯中食, 亦復以時. 大王, 一日二時, 講讀此經. 汝國土中, 有百部鬼神, 是一一部, 復有百部, 樂聞是經. 此諸鬼神, 護汝國土. 大王, 國土亂時, 先鬼神亂, 鬼神亂故, 萬民亂, 賊來劫國, 百姓亡喪, 臣君, 太子王子, 百官, 共生是非. 天地怪異, 二十八宿星道, 日月, 失時失度, 多有賊起. 大王, 若火難水難風難, 一切諸難, 亦應講讀此經, 法用如上說.

大王, 不但護國, 亦有護福. 求富貴官位, 七寶如意, 行來, 求男女, 求慧解名聞, 求六天果報, 人中九品果樂,[50] 亦講此經. 法用如上說. 大王, 不但護福, 亦護衆難. 若疾病苦難, 杻械枷鎖, 撿繫其身, 破四重罪, 作五逆因, 作八難罪, 行六道事, 一切無量苦難, 亦講此經. 法用如上說.

大王, 昔日有王, 釋提桓因. 爲頂生王來上天, 欲滅其國, 時帝釋天王, 卽如七佛法用, 敷百高座, 請百法師, 講般若波羅蜜, 頂生卽退, 如滅罪經中說.

大王, 昔有天羅國王, 有一太子, 欲登王位, 一名班足. 太子爲外道羅陁師, 受敎應取千王頭, 以祭家神, 自登其位. 已得九百九十九王, 少一王, 卽北行萬里, 卽得一王, 名普明王. 其普明王, 白班足王言, 願聽一日, 飯食沙門, 頂禮三寶. 其班足王, 許之一日. 時普明王, 卽依過去七佛法, 請百法師, 敷百高座, 一

---

49 독송본에서는 '佛說仁王般若波羅蜜經卷下姚秦三藏鳩摩羅什譯' 21자를 생략하였다.
50 고려대장경본과 신수본 『仁王經』(T8, 830a16)에 '樂', 신수본 교감주에 "樂【大】, 報【宋】【元】【明】"라고 하였다. 길장 『仁王般若經疏』(T33, 345a15)에는 '樂', 도패 『仁王經合疏』(X26, 177b13)에는 '報'로 되어 있다.

日二時, 講般若波羅蜜八千億偈竟. 其第一法師, 爲普明[51]王, 而說偈言.

劫燒終訖　乾坤洞燃
須彌巨海　都爲灰煬

天龍福盡　於中彫[52]喪
二儀尚殞　國有何常

生老病死　輪轉無際
事與願違　憂悲爲害

欲深禍重　瘡疣無外
三界皆苦　國有何賴

有本自無　因緣成諸
盛者必衰　實者必虛

衆生蠢蠢　都如幻居
聲響俱空　國土亦如

識神無形　假乘四馳[53]
無明寶象[54]　以爲樂車

形無常主　神無常家

---

51 원측『仁王經疏』(H1, 98上)에 '普明' 2자가 없다.
52 도패『仁王經合疏』(X26, 178c8)에 '彫'가 '凋'로 되어 있다.
53 독송본에서는 '馳'를 '蛇'로 수정하였다. 신수본『仁王經』(T8, 830b13)의 교감주에 "蛇【CB】, 馳【大】, 虵【宋】【元】【明】"라고 하였고, 원측『仁王經疏』(H1, 98下)의 주석문, 길장『仁王般若經疏』(T33, 346a21)의 경문에는 모두 '蛇'로 되어 있다.
54 독송본에서는 '寶象'을 '保養'으로 수정하였다. 신수본『仁王經』(T8, 830b13)에 '寶象', 교감주에 "寶象【大】, 保養【宋】【元】【明】"이라고 하였고, 길장『仁王般若經疏』(T33, 346a21)에는 '保養'으로 되어 있다. 그 밖의 문헌들에는 無明保養, 無眼保養, 無眼寶養 등으로 되어 있다.

形神尚離　豈有國耶

爾時, 法師說此偈已, 時普明王眷屬, 得法眼空, 王自證虛空等定, 聞法悟解, 還至天羅國班足王所. 衆中, 卽告九百九十九王言, 就命時到, 人人皆應誦過去七佛仁王問般若波羅蜜經中偈句. 時班足王, 問諸王言, 皆誦何法. 時普明王, 卽以上偈答王. 王聞是法, 得空三昧, 九百九十九王, 亦聞法已, 皆證三空門定. 時班足王, 極大歡喜, 告諸王言, 我爲外道邪師所誤, 非君等過. 汝可還本國, 各各請法師, 講般若波羅蜜名味句. 時班足王, 以國付弟, 出家爲道, 證無生法忍, 如十王地中說, 五千國王, 常誦是經, 現世生報.

大王, 十六大國王, 修護國之法, 法應如是, 汝當奉持. 天上人中六道衆生, 皆應受持七佛名味句, 未來世中, 有無量小國王, 欲護國土, 亦復爾者, 應請法師, 說般若波羅蜜.

爾時, 釋迦牟尼佛, 說般若波羅蜜, 時衆中五百億人, 得入初地. 復有六欲諸天子八十萬[55]人, 得性空地. 復有十八梵王, 得無生忍, 得無生法樂忍. 復有先以學菩薩者, 證一地, 二地, 三地, 乃至十地. 復有八部阿須輪王, 得十三昧門, 得三[56]三昧門, 得轉鬼身, 天上正受. 在此會者, 皆得自性信, 乃至無量空信. 吾今略說天等功德, 不可具盡.

---

[55] 원측『仁王經疏』(H1, 99下)의 주석문에 따르면, '十萬'이 '萬億'으로 되어 있었던 듯하다.

[56] 독송본에서는 '三'을 '二'로 수정하였다. 신수본『仁王經』(T8, 830c9)에 '三', 원측『仁王經疏』(H1, 99下-100上)의 주석문, 길장『仁王般若經疏』(T33, 346c4)의 경문, 도패『仁王經合疏』(X26, 179b4)에는 모두 '二'로 되어 있다.

仁王般若波羅蜜護國經[57] 散華品第六

爾時, 十六大國王, 聞佛說十萬億偈般若波羅蜜, 歡喜無量, 卽散百萬億莖[58]華, 於虛空中, 變爲一座, 十方諸佛, 共坐此座, 說般若波羅蜜. 無量大衆, 共坐一座, 持金羅華, 散釋迦牟尼佛上, 成萬輪華, 蓋大衆上. 復散八萬四千般若波羅蜜華, 於虛空中, 變成白雲臺, 臺中光明王佛, 共無量衆, 說般若波羅蜜. 臺中大衆, 持雷吼華, 散釋迦牟尼佛及諸大衆. 復散妙覺華, 於虛空中, 變作金剛城, 城中師子吼王佛, 共十方佛大菩薩, 論第一義諦. 時城中菩薩, 持光明華, 散釋迦牟尼佛上, 成一華臺, 臺中十方佛諸天, 散天華, 於釋迦牟尼佛上, 虛空中, 成紫雲蓋, 覆三千大千世界, 蓋中天人, 散恒河沙華, 如雲而下.

時諸國王, 散華供已, 願過去佛, 現在佛, 未來佛, 常說般若波羅蜜. 願一切受持者, 比丘比丘尼, 信男信女, 所求如意, 常行般若波羅蜜. 佛告大王, 如是如是. 如王所說, 般若波羅蜜, 應說應受. 是諸佛母, 諸菩薩母, 神通生處.

時佛爲王, 現五不思議神變. 一華, 入無量華, 無量華, 入一華, 一佛土, 入無量佛土, 無量佛土, 入一佛土, 無量佛土, 入一毛孔土, 一毛孔土, 入無量毛孔土, 無量須彌, 無量大海, 入芥子中, 一佛身, 入無量衆生身, 無量衆生身, 入一佛身, 入六道身, 入地水火風身, 佛身不可思議, 衆生身不可思議, 世界不可思議. 佛現神足時, 十方諸天人, 得佛華三昧, 十恒河沙菩薩, 現身成佛, 三恒河沙八部王, 成菩薩道, 十千女人, 現身得神通三昧.

善男子, 是般若波羅蜜, 有三世利益, 過去已說, 現在今說, 未來當說, 諦聽諦聽, 善思念之, 如法修行.

---

57 독송본에서는 '仁王般若波羅蜜護國經' 10자를 생략하였다.
58 독송본에서는 '莖'을 '行'으로 수정하였다. 원측『仁王經疏』(H1, 100中)의 주석문, 길장『仁王般若經疏』(T33, 347a4)와 도패『仁王經合疏』(X26, 179c6)의 경문에 모두 '行'으로 되어 있다.

仁王般若波羅蜜護國經[59] 受持品第七

爾時, 月光心念口言, 見釋迦牟尼佛, 現無量神力. 亦見千華臺上寶滿佛, 是一切佛化身主. 復見千華葉世界上佛, 其中, 諸佛各各, 說般若波羅蜜. 白佛言, 如是無量般若波羅蜜, 不可說, 不可解, 不可以識識. 云何諸善男子, 於是經中, 明了覺解, 如法爲一切衆生, 開空法道.

大牟尼言, 有修行十三觀門諸善男子, 爲大法王. 從習忍, 至金剛頂, 皆爲法師, 依持建立. 汝等大衆, 應如佛供養, 而供養之, 應持百萬億天華天香, 而以奉上.

善男子, 其法師者, 是習種性菩薩, 若在家婆差, 憂婆差, 若出家比丘, 比丘尼, 修行十善, 自觀己身地水火風空識, 分分不淨, 復觀十四根, 所謂五情五受, 男女意命等, 有無量罪過故, 卽發無上菩提心. 常修三界一切, 念念皆不淨故, 得不淨忍觀門, 住在佛家, 修六和敬, 所謂三業, 同戒同見同學, 行八萬四千波羅蜜道. 善男子, 習忍以前, 行十善菩薩, 有退有進, 譬如輕毛, 隨風東西, 是諸菩薩, 亦復如是. 雖以十千劫, 行十正道, 發三菩提心, 乃當入習忍位, 亦常學三伏忍法, 而不可名字, 是不定人. 是定人者, 入生空位, 聖人性故, 必不起五逆六重二十八輕. 佛法經書, 作返逆罪, 言非佛說, 無有是處. 能以一阿僧祇劫, 修伏道忍行, 始得入僧伽陁位.

復次, 性種性, 行十慧觀, 滅十顚倒, 及我人知見, 分分假僞, 但有名, 但有受, 但有法, 不可得, 無定相, 無自他相故, 修護空觀. 亦觀亦[60]行百萬波羅蜜, 念念不去心, 以二阿僧祇劫, 行正道法, 住波羅陁位.

復次, 道種性, 住堅忍中, 觀一切法無生無住無滅. 所謂五受, 三界二諦, 無自他相, 如實性不可得故. 而常入第一義諦, 心心寂滅, 而受生三界. 何以故,

---

59 독송본에서는 '仁王般若波羅蜜護國經' 10자를 생략하였다.

60 독송본에서는 '觀亦'을 '常'으로 수정하였다. 참고로 신수본『仁王經』(T8, 831b18)에 '觀亦'이 '常'으로 되어 있고, 교감주에 "常【CB】【宋】【元】【明】, 觀亦【大】"이라고 하였다. 원측『仁王經疏』(H1, 105下), 길장『仁王般若經疏』(T33, 349b21), 도패『仁王經合疏』(X26, 181c19)에 모두 '常'으로 되어 있다.

業習果報, 未壞盡故, 順道生. 復以三阿僧祇劫, 修八萬億波羅蜜, 當得平等聖人地故, 住阿毘跋致正位.

復次, 善覺[61]摩訶薩, 住平等忍, 修行四攝, 念念不去心, 入無相捨, 滅三界貪煩惱. 於第一義諦而不二, 爲法性無爲, 緣理而滅一切相故, 爲智緣滅無相無爲, 住初忍時, 未來無量生死, 不由智緣而滅故, 非智緣滅無相無爲. 無自他相, 無[62]無相故. 無量方便, 皆現前觀. 實相方便者, 於第一義諦, 不沈不出, 不轉不顚倒. 遍學方便者, 非證非不證, 而一切學. 迴向方便者, 非住果, 非不住果, 而向薩婆若. 魔自在方便者, 於非道, 而行佛道, 四魔所不動. 一乘方便者, 於不二相, 通達衆生一切行故. 變化方便者, 以願力自在, 生一切淨佛國土. 如是, 善男子, 是初覺智, 於有無相, 而不二, 是實知[63]照. 功用, 不證不沈, 不出不到, 是方便觀. 譬如水之與波, 不一不異, 乃至一切行波羅蜜, 禪定, 陁羅尼, 不一不二故, 而一一行成就. 以四阿僧祇劫, 行行故, 入此功德藏門, 無三界業習生故, 畢故不造新, 以願力故, 變化生一切淨土. 常修捨觀故, 登鳩摩羅伽位, 以四大寶藏, 常授與人.

復次, 德慧菩薩, 以四無量心, 滅三有瞋等煩惱, 住中忍中, 行一切功德故,[64] 以五阿僧祇劫, 行大慈觀, 心心常現在前, 入無相闍陁波羅位, 化一切衆生.

復次, 明慧道人, 常以無相忍中, 行三明觀, 知三世法, 無來無去, 無住處, 心心寂滅. 盡三界癡煩惱, 得三明一切功德觀故. 常以六阿僧祇劫, 集無量明波羅蜜故, 入伽羅陁位, 無相行, 受持一切法.

復次, 爾焰聖覺達菩薩, 修行順法忍, 逆五見流, 集無量功德, 住須陁洹位[65]. 常以天眼, 天耳, 宿命, 他心, 身通達, 念念中, 滅三界一切見, 亦以七阿僧祇劫, 行五神通, 恒河沙波羅蜜, 常不離心.

復次, 勝達菩薩, 於順道忍, 以四無畏, 觀那由他諦, 內道論, 外道論, 藥方, 工巧, 呪術故, 我是一切智人, 滅三界疑等煩惱故, 我相已盡, 知地地有所出, 故名出道, 有所不出, 故名障道. 逆三界疑, 修習無量功德故, 卽入斯陁含位,

---

61 원측『仁王經疏』(H1, 106中), 길장『仁王般若經疏』(T33, 350a25)의 경문에 '覺' 뒤에 '菩薩'이 있다.
62 원측『仁王經疏』(H1, 107中)의 주석문에 따르면, '無'가 '無無'로 되어 있었던 듯하다.
63 신수본『仁王經』(T8, 831c11), 원측『仁王經疏』(H1, 108中)와 길장『仁王般若經疏』(T33, 350b29)의 경문에 모두 '知'가 '智'로 되어 있다.
64 원측『仁王經疏』(H1, 109下)에 '故'가 없다.
65 원측『仁王經疏』(H1, 110中)에 '位'가 없다.

復集行八阿僧祇劫中, 行諸陁羅尼門故, 常行無畏觀, 不去心.

復次, 常現眞實, 住順忍中, 作中道觀, 盡三界集因集業一切煩惱故. 觀非有非無, 一相無相, 而無二故.[66] 證阿那含位, 復於九阿僧祇劫集, 照明中道故, 樂力生一切佛國土.

復次, 玄達菩薩, 十阿僧祇劫中, 修無生忍[67]法樂忍者, 名爲縛忍, 順一切道生, 而一心忍中,[68] 滅三界習因業果, 住後身中, 無量功德皆成就. 無生智, 盡智, 五分法身皆滿足. 住第十地阿羅漢梵天位, 常行三空門觀, 百千萬三昧具足, 弘化法藏.

復次, 等覺者, 住無生忍中, 觀心心寂滅, 而無相相, 無身身, 無知知, 而用心乘於群方之方, 憺怕[69]住於無住之住, 在有常修空, 處空常萬化, 雙照一切法故. 知是處非是處, 乃至一切智十力觀故, 而登摩訶羅伽位, 化一切國土衆生,[70] 千阿僧祇劫, 行十力法, 心心相應, 常入見佛三昧.

復次, 慧光神變者, 住上上無生忍, 滅心心相, 法眼見一切法, 淨[71]三眼色空見, 以大願力, 常生一切淨土. 萬阿僧祇劫, 集無量佛光三昧, 而能現百萬恒河沙諸佛神力, 住婆[72]伽梵位, 亦常入佛華三昧.

復次, 觀佛菩薩, 住寂滅忍者, 從始發心, 至今, 經百萬阿僧祇劫, 修百萬阿僧祇劫功德故, 登一切法解脫, 住金剛臺. 善男子, 從習忍, 至頂三昧, 皆名爲伏一切煩惱, 而無相信, 滅一切煩惱, 生解脫智, 照第一義諦, 不名爲見. 所謂見者, 是薩婆若. 是故我從昔以來, 常說唯佛所知見覺, 頂三昧以下, 至於習忍, 所不知不見不覺. 唯佛頓解, 不名爲信漸漸伏者. 慧雖起滅, 以能無生無滅, 此心若滅, 則累無不滅, 無生無滅. 入理盡金剛三昧, 同眞際, 等法性, 而未能等無等等. 譬如有人, 登大高臺, 下觀一切, 無不斯了, 住理盡三昧, 亦復如是. 常

---

66 원측『仁王經疏』(H1, 112上)에 '故'가 없다.
67 원측『仁王經疏』(H1, 112中), 길장『仁王般若經疏』(T33, 352c6), 도패『仁王經合疏』(X26, 183c11)의 경문에 '忍'이 없다.
68 원측『仁王經疏』(H1, 112中), 길장『仁王般若經疏』(T33, 352c6), 도패『仁王經合疏』(X26, 183c11)에 "名爲縛忍順一切道生而一心忍中" 14자가 없다.
69 독송본에서는 '怕'를 '泊'으로 수정하였다. 원측『仁王經疏』(H1, 113上), 도패『仁王經合疏』(X26, 183c22)에는 '憺怕'로 되어 있고, 길장『仁王般若經疏』(T33, 353a13)에는 '淡泊'으로 되어 있다.
70 원측『仁王經疏』(H1, 113中)에 '衆生'이 없다.
71 원측『仁王經疏』(H1, 113中)에 '淨'이 없다.
72 원측『仁王經疏』(H1, 113下)의 주석문에 따르면 '婆'가 '薄'으로 되어 있었던 듯하다.

修一切行, 滿功德藏, 入婆伽度位, 亦復常住佛慧三昧.

善男子, 如是諸菩薩, 皆能一切十方諸如來國土中, 化衆生, 正說正義, 受持讀誦, 解達實相, 如我今日, 等無有異.

佛告波斯匿王, 我當滅度後, 法欲滅時, 受持是般若波羅蜜. 大作佛事, 一切國土安立, 萬姓快樂, 皆由此般若波羅蜜. 是故付囑諸國王, 不付囑比丘, 比丘尼, 淸信男, 淸信女. 何以故. 無王力故. 故不付囑, 汝當受持讀誦, 解其義理.

大王, 吾今所化百億須彌, 百億日月, 一一須彌, 有四天下, 其南閻浮提, 有十六大國, 五百中國, 十千小國, 其國土中, 有七可難. 一切國王, 爲是難故, 講讀般若波羅蜜, 七難卽滅, 七福卽生, 萬姓安樂, 帝王歡喜.

云何爲難. 日月失度, 時節返逆, 或赤日出, 黑日出, 二三四五日出, 或日蝕無光, 或日輪一重, 二三四五重輪現, 當變怪時, 讀說此經, 爲一難也. 二十八宿失度, 金星, 彗星, 輪星, 鬼星, 火星, 水星, 風星, 刀星, 南斗北斗五鎭大星, 一切國主星, 三公星, 百官星, 如是諸星, 各各變現, 亦讀說此經, 爲二難也. 大火燒國, 萬姓燒盡, 或鬼火, 龍火, 天火, 山神火, 人火, 樹木火, 賊火, 如是變怪, 亦讀說此經, 爲三難也. 大水漂沒百姓, 時節返逆, 冬雨夏雪, 冬時雷電霹靂, 六月雨冰霜雹, 雨赤水黑水靑水, 雨土山石山, 雨沙礫石, 江河逆流, 浮山流石, 如是變時, 亦讀說此經, 爲四難也. 大風吹, 殺萬姓, 國土山河樹木, 一時滅沒, 非時大風, 黑風, 赤風, 靑風, 天風, 地風, 火風, 如是變時, 亦讀此經, 爲五難也. 天地國土, 亢陽炎火洞燃, 百草亢旱, 五穀不登, 土地赫燃, 萬姓滅盡, 如是變時, 亦讀此經, 爲六難也. 四方賊來侵國, 內外賊起, 火賊, 水賊, 風賊, 鬼賊, 百姓荒亂, 刀兵劫起, 如是怪時, 亦讀此經, 爲七難也.

大王, 是般若波羅蜜, 是諸佛菩薩, 一切衆生, 心識之神本也, 一切國王之父母也. 亦名神符, 亦名辟鬼珠, 亦名如意珠, 亦名護國珠, 亦名天地鏡, 亦名龍寶神王.

佛告大王, 應作九色幡, 長九丈, 九色華, 高二丈, 千支燈, 高五丈. 九玉箱, 九玉巾, 亦作七寶案, 以經置上. 若王行時, 常於其前, 足一百步, 是經常放千光明, 令千里內, 七難不起, 罪過不生. 若王住時, 作七寶帳, 中七寶高座, 以經卷置上, 日日供養, 散華燒香, 如事父母, 如事帝釋.

大王, 我今五眼, 明見三世, 一切國王, 皆由過去, 侍五百佛, 得爲帝王主. 是故一切聖人羅漢, 而爲來生彼國, 作大利益. 若王福盡時, 一切聖人, 皆爲捨去,若一切聖人去時, 七難必起. 大王,[73] 若未來世, 有諸國王, 護持三寶者, 我使五大力菩薩, 往護其國. 一金剛吼菩薩, 手持千寶相輪, 往護彼國. 二龍王吼菩薩, 手持金輪燈, 往護彼國. 三無畏十力吼菩薩, 手持金剛杵, 往護彼國. 四雷電吼菩薩, 手持千寶羅網, 往護彼國. 五無量力吼菩薩, 手持五千劍輪, 往護彼國. 五大士,[74] 五千大神王, 於汝國中, 大作利益, 當立形像, 而供養之.

大王, 吾今三寶, 付囑汝等一切諸王, 憍薩羅國, 舍衛國, 摩竭提國, 波羅奈國, 迦夷羅衛國, 鳩尸那國, 鳩睒彌國, 鳩留國, 罽賓國, 彌提國, 伽羅乾國, 乾陁衛國, 沙陁國, 僧伽陁國, 健挐掘闍國, 波提國, 如是一切諸國王等, 皆應受持般若波羅蜜.

時諸大衆, 及阿須輪王, 聞佛說未來世七可畏, 身毛爲豎, 呼聲大叫而言, 願不生彼國. 時十六大國王, 卽以國事付弟, 出家修道. 觀四大四色勝出相, 四大四色, 不用識空入行相, 三十忍初地相, 第一義諦九地相. 是故大王, 捨凡夫身, 入六住身, 捨七報身, 入八法身, 證一切行般若波羅蜜.

十八梵天, 阿須輪王, 得三乘觀, 同無生境. 復散華供養, 空華, 法性華, 聖人華, 順華, 無生華, 法樂華, 金剛華, 緣觀中道華, 三十七品華, 而散佛上, 及九百億大菩薩衆. 其餘一切衆, 證道迹果, 散心空華, 心樹華, 六波羅蜜華, 妙覺華, 而散佛上及一切衆. 十千菩薩, 念來世衆生, 卽證妙覺三昧, 圓明三昧, 金剛三昧, 世諦三昧, 眞諦三昧, 第一義諦三昧, 此三諦三昧, 是一切三昧王三昧. 亦得無量三昧, 七財三昧, 二十五有三昧, 一切行三昧. 復有十億菩薩, 登金剛頂, 現成正覺.

---

[73] 원측『仁王經疏』(H1, 116中)에 '大王'이 없다.
[74] 원측『仁王經疏』(H1, 116中)에 '五大士'가 '是大力士'로 되어 있다.

仁王般若波羅蜜護國經[75] 囑累品第八

　　佛告波斯匿王. 我誡勅汝等. 吾滅度後, 八十年, 八百年, 八千年中, 無佛無法無僧, 無信男無信女時, 此經三寶, 付囑諸國王, 四部弟子, 受持讀誦解義, 爲三界衆生, 開空慧道, 修七賢行, 十善行, 化一切衆生.

　　後五濁世, 比丘, 比丘尼, 四部弟子, 天龍八部, 一切神王, 國王大臣, 太子王子, 自恃高貴, 滅破吾法. 明作制法, 制我弟子比丘比丘尼, 不聽出家行道, 亦復不聽造作佛像形佛塔形, 立統官制衆, 安籍記僧, 比丘地立, 白衣高坐, 兵奴爲比丘, 受別請法, 知識比丘, 共爲一心親善, 比丘爲作齋會求福, 如外道法, 都非吾法. 當知爾時, 正法將滅不久.

　　大王, 壞亂吾道, 是汝等作. 自恃威力, 制我四部弟子, 百姓疾病, 無不苦難, 是破國因緣. 說五濁罪, 窮劫不盡.

　　大王, 法末世時, 有諸比丘, 四部弟子, 國王大臣, 多作非法之行, 橫與佛法衆僧, 作大非法, 作諸罪過. 非法非律, 繫縛比丘, 如獄囚法. 當爾之時, 法滅不久.

　　大王, 我滅度後, 未來世中, 四部弟子, 諸小國王, 太子王子, 乃是住持護三寶者, 轉更滅破三寶, 如師子身中虫, 自食師子, 非外道也. 多[76]壞我佛法, 得大罪過, 正教衰薄, 民無正行, 以漸爲惡, 其壽日減, 至于百歲. 人[77]壞佛教, 無復孝子, 六親不和, 天神不祐, 疾疫惡鬼, 日來侵害, 災怪首尾, 連禍縱橫. 死入地獄餓鬼畜生, 若出爲人, 兵奴果報. 如響應聲,[78] 如人夜書, 火滅字存, 三界果報, 亦復如是.

　　大王, 未來世中, 一切國王, 太子王子, 四部弟子, 橫與佛弟子, 書記制戒, 如白衣法, 如兵奴法. 若我弟子, 比丘比丘尼, 立籍爲官所使, 都非我弟子, 是兵

---

75 독송본에서는 '仁王般若波羅蜜護國經' 10자를 생략하였다.
76 원측『仁王經疏』(H1, 122上)에 '多'가 없다.
77 원측『仁王經疏』(H1, 122上)에 '人'이 '其'로 되어 있다.
78 원측『仁王經疏』(H1, 122上)에 '應聲'이 '如影'으로 되어 있다.

奴法. 立統官, 攝僧典, 主僧籍, 大小僧統, 共相攝縛, 如獄囚法, 兵奴之法. 當爾之時, 佛法不久.

大王, 未來世中, 諸小國王, 四部弟子, 自作此罪, 破國因緣, 身自受之, 非佛法僧.

大王, 未來世中, 流通此經, 七佛法器, 十方諸佛, 常所行道. 諸惡比丘, 多求名利, 於國王太子王子前, 自說破佛法因緣, 破國因緣. 其王不別, 信聽此語, 橫作法制, 不依佛戒,[79] 是爲破佛破國因緣. 當爾之時, 正法不久.

爾時, 十六大國王, 聞佛七誡所說未來世事, 悲啼涕出, 聲動三千, 日月五星, 二十八宿, 失光不現. 時諸王等, 各各至心, 受持佛語, 不制四部弟子出家行道, 當如佛教. 爾時, 大衆十八梵天王, 六欲諸天子, 歎言, 當爾之時, 世間空虛, 是無佛世.

爾時, 無量大衆中, 百億菩薩, 彌勒師子月等, 百億舍利弗須菩提等, 五百億十八梵王, 六欲諸天, 三界六道, 阿須輪王等, 聞佛所說, 護佛果因緣, 護國土因緣, 歡喜無量, 爲佛作禮, 受持般若波羅蜜.

---

[79] 원측『仁王經疏』(H1, 122下)에 '戒'가 '法'으로 되어 있고, 그 밖의 판본들에는 모두 '戒'로 되어 있다.

발문 跋文

검은 호랑이 해(壬寅年)로 들어서기 한두 달 전, 문광文光 스님이 예전에 내가 번역했던 『인왕경』 주석서를 들고 나타났다. 세상일이란 참 신비하다는 생각이 들었다. 십여 년 전에 내가 그 책을 번역할 즈음 한 차례 타올랐다 잊힌 어떤 염원이, 나로서는 잘 알 수 없는 인연들로 이제는 스님의 가슴속에서 센 경고음으로 울리는 듯했기 때문이다. 아주 먼 옛날부터 돌과 종이 위에 새겨지고 또 이제는 빛나는 도자기 위에 새겨진 이 경이 사람들의 입으로 독송되어야 할 때가 바로 지금이라고 하는 데에 우리는 완전히 공감했다. 그것은 『인왕경』에서 부처님이 특별히 열여섯 대국의 왕에게 부촉하신 바이기도 하다. "오탁五濁의 세상에서 정법이 멸할 때는 나라 안팎으로 괴이한 재난이 연달아 일어나니, 국토와 자신을 모든 재난에서 수호하려면 내가 설해 준 법식에 맞춰 이 경을 독송하라."

독송본의 초고가 얼추 마무리되어 가니, 내가 맨 처음 이 경을 접했을 때의 감회가 다시 떠오른다. 그야말로 매끄럽지 않은 오리무중의 경문들, 또 학자들의 의혹을 살 만한 문구와 단어들에 다소 당황했던 기억이 있다. 그러나 정작 나의 눈길을 사로잡은 것은 다른 것이었다. 바로 한 시대를 대표하는 내로라하는 옛 대덕들이 마치 그 혼돈의 경문들이 어떤 질서를 따르는 것처럼 주석해 놓은 것이다. 저 캄캄한 밤하늘에서 보이지 않던 별자리를 일러 주듯, 최초로 경문 해석의 길을 연 분은 진제 스님이다. 이후로 다시 천태, 길장, 원측 세 분의 스님이 그 길을 따라 각자 나름대로 고치거나 보태어 새 길을 열어 놓았다. 이 위대한 영혼들의 공조를 보면서, 그들이 이 경을 이런 것으로 생각하지 않았을까 하고 상상해 보았다. '하나의 경전은 오랫동안 말과 글로 전해지지만, 또한 여전히 여여한 법계 안에 있기에, 덧붙여진 문구나 사람들의 오해 때문에 그 자

체가 변질되는 것은 아니다.'

여기에 내 생각을 조금 덧붙이자면, 이 경은 나로 하여금 '지금도 계속해서 쓰이고 있는 한 권의 책'을 연상시켰다. 그것은 『인왕경』 자체의 특이한 형식에서 비롯된다. 석가모니불이 바사닉왕에게 설한 이 경의 한 페이지에는 '옛날에 누군가 과거 일곱 부처님이 설한 『인왕경』을 독송함으로써 나라와 자신을 재난으로부터 구하였다'라고 하는 기록이 있다. 말하자면 현재 우리가 읽는 『인왕경』 안에 또 다른 『인왕경』이 있고, 우리는 끝내 이 경의 진짜 정체가 어떤 것인지 알 수 없을지도 모른다. 다만 '나라가 위태로워지고 백성들이 죽어 가는 재난의 시대에 이 경을 독송하였다'라고 하는 반복되는 역사가 계속해서 이 경의 한 페이지를 채워 갈 것이다. 나는 불안한 우리들의 혀끝에서 울린 이 경의 독송 소리가 나이팅게일의 노래가 되어 오랫동안 울려 퍼지고, 또 우리가 그 무상한 소리에서 희미하게나마 이어지는 어떤 불멸성을 감지하며, 그래서 마침내 우리 스스로를 미래의 부처님이 설할 『인왕경』의 한 페이지에 새겨 넣을 수 있기를 간절히 바라 본다.

끝으로 이 경의 독송본 출판을 흔쾌히 허락해 주신 불교학술원장 자광慈光 스님과 동국역경원장 혜거慧炬 스님, 그리고 독송본을 독려하고 윤문과 번역문 수정에 동참해 주신 문광 스님과 박인석 선생에게 깊은 감사를 드린다.

2022. 2. 20.
백 진 순

역자 백진순

1964년 서울 출생. 이화여자대학교 사회학과와 동 대학원 철학과 석사과정을 거쳐, 연세대학교 대학원 철학과에서 「『성유식론成唯識論』의 가설假說(upacāra)에 대한 연구」로 박사학위를 받았다. 현재 동국대학교 불교학술원 교수로 재직 중이며, 신라 유식학 문헌인 『성유식론학기』, 『유가론기』 등을 역주하고 있다. 역주서로 원측의 『인왕경소』, 『해심밀경소 제1 서품』, 『해심밀경소 제2 승의제상품』, 『해심밀경소 제3 심의식상품·제4 일체법상품』, 『해심밀경소 제5 무자성상품』, 『해심밀경소 제6 분별유가품 상』, 『해심밀경소 제6 분별유가품 하』, 『해심밀경소 제7 지바라밀다품』, 『해심밀경소 제8 여래성소작사품』 등이 있으며, 공저로 『인물로 보는 한국의 불교사상』 등이 있다.

독송본 인왕호국경

2022년 8월 20일 초판 1쇄 발행
2022년 9월 30일 초판 2쇄 발행

감　수 혜거 스님
번　역 백진순
발행인 박기련
발행처 동국역경원

출판등록 제1964-000001호
주소 04626 서울시 중구 퇴계로36길2 신관1층 105호
전화 02-2264-4714
팩스 02-2268-7851
Homepage http://dgpress.dongguk.edu
E-mail abook@jeongjincorp.com

편집디자인 꽃살무늬
인쇄처 네오프린텍(주)

ISBN 978-89-5590-472-7 93220

값 10,000원

이 책의 무단 전재나 복제 행위는 저작권법 제98조에 따라 처벌받게 됩니다.